祝福準備のための「純潔」み言集

真の愛を育む道

世界平和統一家庭連合

光言社

これから「祝福」に向かう皆《みな》さんへ

この本を手に取った皆さんの中には、「純潔を必ず守りなさい」「将来は祝福を受けるのよ」という言葉を何度も聞かされてきた人も多いのではないでしょうか。正直、「純潔とかお見合いとか、いつの時代の話をしているの？」「私がどう生きるかは自分で決める。干渉《かんしょう》しないで！」と思っている人もいるかもしれません。

しかし、そのように声をかけてくださる方々は、決して皆さんを古い慣習に縛《しば》ろうとしたり、苦しめようとしたりしているわけではありません。その方々の言葉をもう少し理解しやすく翻訳《ほんやく》するなら、「あなたに幸せになってほしい」ということなのです。

では、なぜ「純潔」を守り、「祝福」を受けることが「幸せ」につながるのでしょうか？　その説明をしっかりと受けている人もいれば、結論だけ聞かされているという人もいるでしょう。しかしいずれにせよ、その答えは誰《だれ》かから一方的に与《あた》えられたものというよりも、皆《みな》さん自身が納得《なっとく》し、つかみ取ったものでなければなりません。皆さんの人生を生きるのは、ほかでもなく、皆さん自身なのですから。

この本は、真《まこと》の父母様のみ言《ことば》を通して、皆さんが「純潔を守る」生き方を選び取るお手伝いをするために制作しました。編集に当たっては、真の父母様のみ言を中高生でも理解しやすいように整理した上で、既《すで》に出版されている『幸せをもたらす真実の愛を学ぶ二世純潔講座』（家庭教育局・編）の七つの章の流れに合わせ、全七章で構成しました。各章の終わりにあるワークシートも活用することで、より理解を深めることができるでしょう。

なぜ、「純潔」を守り、「祝福」を受けることが「幸せ」につながるのか？　その答えを、本書の内容をきっかけにして、皆さん一人ひとりがつかむことを心から願っています。

父母、教育担当の皆さまへ

天の父母様（神様）と真の父母様の、そして家庭連合の宝である二世圏《けん》の子女たちが、青年期までに信仰《しんこう》を確立し、祝福を受けて家庭を築いていくことは、未来における何よりの希望です。また、統一運動の次世代を担《にな》う「未来の人材」として、真の父母様は二世圏に限りない愛を注ぎ、大きな投入をしてくださっています。

青年学生局では、このような真の父母様の願いに応えるため、中高生期から、将来の祝福結婚《けっこん》に向けて準備するための教育に取り組んでいます。そこでは第一に、純潔の意味を理解し、純潔を大切にする生活姿勢を身につけること、第二に、祝福結婚の意味を理解し、祝福を受けたいという気持ちを持つこと、第三に、良き親子関係を築くことを目標として掲《かか》げています。

本書は特に、「純潔」をテーマに定め、真の父母様のみ言から直接学べる教材として制作しました。既《すで》に出版されている『幸せをもたらす真実の愛を学ぶ二世純潔講座』（家庭教育局・編）の七つの章の流れに合わせ、全七章で構成しています。編集に当たっては、真《まこと》の父母様のみ言を中高生でも理解しやすいように整理し、原理用語や難しいと思われる言葉《ことば》、一般《いっぱん》的な辞書の定義と違《ちが》う意味で使われている言葉には、本文とは別に説明を加えました。各章の終わりにあるワークシートも積極的に活用し、家庭や教会において学びの輪を広げていただくようお願いします。

本書を通して、二世圏《けん》の子女たちが純潔の貴《とうと》さを知り、祝福結婚《けっこん》に対する希望を持って、未来のために準備していくことを願ってやみません。

世界平和統一家庭連合　青年学生局

目次

第二章

第三章

第一章

愛って何だろう?

「愛」と聞いて、皆《みな》さんはどんなイメージを持ちますか？　今、私たちは「愛」という言葉に囲まれて生活をしています。話題になっているドラマや映画などは、だいたい「愛」が主なテーマに関わっていますし、親が子供のために頑張って働いたり御飯《ごはん》を作ったりするのも、そこに「愛」があるからだといえます。

それでは、「真《まこと》の愛」は、普通の「愛」とどこが違うのでしょうか。この章では、「真の愛」の意味と、それをどうやって育《はぐく》むかについて学びます。普段、使っている「愛」という言葉の意味を改めて考えながら読んでみましょう。

＊『幸せをもたらす真実の愛を学ぶ二世純潔講座』第一章「愛の二面性——真の愛と偽りの愛」も参照しましょう。

1 真の愛と偽《いつわ》りの愛の違《ちが》い

愛は、自分を中心とした立場では成立しません。相手に代わって、相手を支持して敬い、相手を立てるところで、初めて「愛」という言葉が成立するのです。愛する人に、「こいつ！　お前は私の僕《しもべ》だ」と言いますか。相手を誰《だれ》よりも尊重し、誰よりも相手のために生きようというところで、愛が成立するのです。自分を中心として、「お前は私の言うとおりにしなさい」と言うのなら、それは愛ではありません。

（一九七一・三・二二）

神様の真の愛は、相手のために無限に与《あた》えようとします。愛の心を持った父母は、すべての子女が父母よりも立派になることを願うので、子女のために大きく与え、さらにもっと大きく与えようとします。愛し合っている夫婦《ふうふ》も、やはり相手が自分よりも素晴《すば》らしい人間になることを願うので、相手のために投入し、さらに投入して忘れるのです。

このように、真《まこと》の愛は相手のために投入し、また投入しようとするところから、その作用が誘発《ゆうはつ》されます。神様は人間のために、真の愛の主体的な立場から与《あた》え、さらに与える作用を続けることによって、永存されるのです。(一九九二・八・二二)

「真」というのは、必ず神様が中心にならなければなりません。人間を全体的に取りまとめ、主管できる決定的な基盤《きばん》を持つとき、真が成立するのです。その基盤ができなければ、「真」という言葉は成立しないのです。真の起源は、神様です。神様がいらっしゃることによって、真が成立するのです。ですから、神様が離《はな》れてしまえば、真も離れるようになります。そこには、真ではない、悪の起源が生まれるのです。

真があってこそ、真なる結果をもたらすことができます。言い換《か》えれば、神様がいらっしゃることによって、神様の願いが成就《じょうじゅ》するというのです。「真」や「善」という言葉は、人間を中心として立てられたものではなく、神様を中心として立てられたのです。（一九六九・九・一四）

真の愛は、誰《だれ》もが語れるものではありません。唯一《ゆいいつ》、神様だけが、本当に真の愛で愛することができ、真の愛の絶対主人となられるのです。ですから、神様の真の生命も、神様の真の血統も、神様の真の良心も、真の愛を必要とします。神様の最も根本的な本質が、真の愛なのです。

また、この真の愛と関係を結ぶには、神様と関係がなければなりません。自分のお父さん、お母さんがけんかをせずに暮らしているからといって、真の愛で愛しているとはいえないのです。恋愛《れんあい》をしている若い男女が、互《たが》いに命を懸《か》けて愛し合うとしても、それが真の愛というわけではありません。神様が介在《かいざい》していなければ、真の愛ではないのです。真の愛は、必ず神様を中心としなければならないのです。

神様の息子《むすこ》、娘《むすめ》になるには、神様の血統と生命と愛と関係を結ばなければなりません。権力や知識、お金、軍事力だけがあっても、真《まこと》の愛の世界では歓迎《かんげい》されません。真の愛は誰《だれ》もが願うものですが、愛するというのは、ために生きることによってこそ、可能であるという原則を知らなければなりません。相手のために奉仕《ほうし》し、犠牲《ぎせい》にならなければならないのです。「私のために生きよ」という思いで人に接すれば、みな逃《に》げていってしまいます。（二〇〇〇・二・一三）

真の愛と偽《いつわ》りの愛とは何でしょうか。何が真で何が偽りかを知らないために、社会が混乱するのです。道徳観が廃《すた》れ、退化するのも、これを知らないからです。悪とは何でしょうか。悪は、自分を中心として、すべてのものを引き入れようとします。世界の歴史において、悪神*と善神*が闘《たたか》っていますが、その闘いで悪の側、サタン側に引っ張られていく人と、善の側、神側に引っ張られていく人とでは、何が違《ちが》うのでしょうか。自分を中心としてすべて引き入れようとする人は、サタンの性質

に似ているので、悪の側です。反対に、全体のために自分から与《あた》えようとする人は、善の側になるのです。（一九八六・二・一九）

偽りの愛と真の愛は、どのように違うのでしょうか。偽りの愛は、始まってからどんどん下がって落ちていく愛であり、真の愛は、始まってからだんだん上がっていく愛です。しきりに大きくなり、大きな世界まで上がっていくのです。どんどん包み込《こ》みます。そのような無限の包容の心、「もっとかき抱《いだ》こう、もっとかき抱こう」という心の本質作用を持っているのは、愛以外にはありません。真の愛以外にはないのです。（一九八六・三・二）

＊悪神：サタンと、サタンの側にいる悪霊人《あくれいじん》の総称《そうしょう》。
＊善神：神様と、神様の側にいる善霊人《ぜんれいじん》および天使の総称。

偽《いつわ》りの愛を中心として、すべて怨讐《おんしゅう》となり、分離《ぶんり》してしまいました。家庭と家庭が、統一ではなく、分離してしまったのです。家庭を中心として、数十万の民族に分裂《ぶんれつ》し、世界を戦場にしてしまいました。神様のみ旨《むね》を成就《じょうじゅ》できないように、サタンが混乱の世界にしておいたのです。

偽りの愛によって分裂した世の中を生み出したのが、悪魔《あくま》主義です。これは分裂主義であり、地獄《じごく》主義です。このように分裂した個人、家庭、氏族、民族、国家、世界を、真《まこと》の愛と真の父母を中心として統一するのです。これは悪魔と対峙《たいじ》する主義なので、「神主義」です。(一九九二・一二・一九)

サタン主義は分裂させ、細部をすべて麻痺《まひ》させます。そのように分裂したものを、神様の真の愛を中心として統一し、合わせて、完全なものにする主義が「神主義」です。悪魔主義は偽りの愛を中心として、自分だけのために生きる愛をもって、人間を戦場のような混乱の麻痺状態にしましたが、「神主義」は真の愛を中心として、

麻痺をすべて直して完全に正常な人間にし、神様を父として侍《はべ》ることのできる息《むす》子《こ》、娘《むすめ》にする主義です。（一九九二・一二・一九）

人間は堕落《だらく》することによって、心と体がサタンの偽りの愛を受け、自分を第一に考えて不協和音を起こす個人となりました。このような人々《ひとびと》が集まった家庭、社会、国家、世界は、立体的に増し加わった葛藤《かっとう》と紛争《ふんそう》を矛盾《むじゅん》として抱《かか》えながら、相互《そうご》不信、分裂、闘争《とうそう》をするようになるのです。言い換《か》えれば、サタンの願いである自己中心主義によって、民主世界は個人第一主義となり、サタンと人類は滅亡《めつぼう》に向かうのです。これを救うために、神様の真の愛を中心とした「頭翼《とうよく》思想」＊と「神主義」が必要なのです。（一九九一・八・二七）

＊**頭翼思想**：真の父母様が提唱された、神様を中心とした思想。右翼《うよく》と左翼《さよく》を統一し、導く役割を果たすという意味で、「頭翼」と名付けられた。

2 愛は経験を通して育てていくもの

愛を通して、人間の世界は幸福になります。人間が目指す完成や理想の実現は、愛の基準なくしてあり得ません。この宇宙の万物《ばんぶつ》は、愛を基《もと》にして生きていきます。万物は、神様の愛を中心として出発しました。ですから、被造《ひぞう》*世界の中心である人間は、より一層、愛を中心として出発したというのです。愛から出発し、愛によって成熟し、愛を通して社会生活を送り、愛を完成して、霊界《れいかい》に帰っていくようになっているのです。（一九八六・一・三）

すべての被造物は愛の法則に従って創造され、存在しています。人間の完成も、知識や権力、もしくは財力によって成し遂《と》げられるのではなく、真《まこと》の愛によって成し遂げられるのです。すなわち、真の人は、真の愛の経験を通して、神様の根本的な真の愛に似た人格として完成するようになっているのです。個性完成とは、心と体が一体となって調和することを意味します。人間は、神様の真の愛の核《かく》と一致《いっち》する場にいるとき、心身が一体となるのです。（一九九八・六・一一）

創造主と人間が、真の愛を中心として完全となり、完成することを願う神様は、人間と一体となる条件が必要でした。それで神様は、人間始祖に与《あた》える戒《いまし》めを必要としたのです。人間が成長期間にあり、未完成段階にいたことをご存じの神様が、子女である人間に最も貴《とうと》い真の愛を相続させる条件（責任分担）として与えてくださったのが、戒めでした。

本来、真の愛は経験を通して、体恤《たいじゅつ》＊を通して分かるようになっていました。真の愛は、言葉や文字、あるいは一般《いっぱん》教育を通して体得できるものではありません。生

＊**被造**：神様によって造られたという意味。
＊**体恤**：自らのものとして深く体験し、感じること。

活を通してのみ、完全に体得できるのです。赤ん坊《ぼう》として造られたアダムとエバは、成長しながら段階的に生活の中で経験を積み、真《まこと》の子女の心情、真の兄弟の心情、真の夫婦《ふうふ》の心情、真の父母の心情を体恤《たいじゅつ》することによって、完成するようになっていたのです。神様の真の愛を全体的に体得することによって、創造目的を完成した理想的な人間になるのです。(一九九六・四・一六)

神様の息子《むすこ》、娘《むすめ》として造られたアダムとエバは、まず神様から父母の愛を受けながら、子女の心情を感じて成長していきます。また、互《たが》いに兄弟姉妹《しまい》の心情を感じながら成長します。その次に、神様の祝福のもとに真の夫婦となり、互いに愛し合いながら、夫婦の心情を感じるようになっているのです。そして子女を持ち、真の父母となれば、子女を愛しながら父母の心情を感じ、さらには神様が自分たちを子女として愛される、その父母の心情を経験するようになっています。

このような子女の心情、兄弟姉妹の心情、夫婦の心情、父母の心情を四大心情と言います。人間が完成するためには、神様の真の愛のもとで四大心情を完全に体恤しなければなりません。この基台が、理想的な家庭です。人間に対する神様の創造理想が実現する最小単位が、四大心情圏《けん》を完成した家庭です。（一九九四・五・一）

本来、人間は父母の愛を受けて子女の心情を体恤しながら育ち、その次に兄弟同士で愛し合いながら、兄弟の心情を体恤して育ちます。成長して真の人格を備え、完成した真の人になれば、夫婦生活を通して互いに愛し合うことにより、夫婦の心情を体恤するようになります。被造物《ひぞうぶつ》はすべてそうですが、特に人間は、真の愛を感じ、真の愛の生活をするようになるとき、幸福になるのです。

愛を受ければ、生命が躍動《やくどう》します。生命の香《かお》りも愛の中で漂《ただよ》います。愛は人間の幸福と生命と喜びの源泉になります。このように貴《とうと》い真の愛は、知識や外的な要因によって得るものではありません。経験を通して感じ、生活を通して体恤するようになっているのです。

このように人間は、成長期間に生活と経験を通して、神様の真《まこと》の愛を段階的に体《たい》恤《じゅつ》するようになっていました。すなわち、人間は子女の心情、兄弟の心情、夫婦《ふうふ》の心情、父母の心情など、四大心情を段階的に体恤しながら完成するのです。人間の人格と幸福は、愛をどのように感じ、またどれほど感じて与《あた》え合うかによって、測られるのです。(一九九五・八・二三)

3 男女が愛し合うのには時がある

愛の根拠地《こんきょち》はどこでしょうか。愛の根拠地は、「私」ではありません。「愛」という言葉は、相対《そうたい》的観念から語るものです。相手がいなければ、いくら美男子であっても、愛することはできません。「愛は私からだ!」と言うのは、サタンが今まで利用してきた言葉です。愛の根拠地は自分であるという考え方を改めなければ、未来の歴史も発展がありません。今まで、妻は妻なりに、夫は夫なりに自分が中心だといって、互《たが》いが「私のために尽《つ》くしなさい」と言ってきたので、破綻《はたん》するのです。愛の根拠地は自分にあるのではなく、相手にあるので、その愛を手にするためには、自分自身がまず犠牲《ぎせい》にならなければなりません。（一九七一・七・一八）

先決問題は、どのように自分自身が完成するかということです。皆《みな》さんは思春期になれば、異性を愛そうとするのですが、それよりも父母をもっと愛したという条件を立てなければなりません。「孝子《こうし》だ、孝女《こうじょ》だ」、このようになってこそ、神様と愛の関係を結べるのです。これが天理原則であり、創造原則です。

理想相対＊を考える前に、まず自分自らが父母の前に孝子となり、父母が孝子として公認《こうにん》できる愛の関係を持たなければなりません。そのためには、父母と一つにならなければなりません。孝行しようとすれば、兄弟同士でも一つにならなけれぱな

＊相対：ここでは、「伴侶《はんりょ》」「配偶者《はいぐうしゃ》」という意味。

りません。家庭において誰《だれ》もが、「本当に模範《もはん》である」と言うことができなければならないのです。その後に、理想相対《そうたい》が現れるのです。（一九七八・一〇・九）

今後、祝福*を受けても、相手との関係はあとから結ばなければなりません。先に真《まこと》の父母を慕《した》わなければなりません。真の父母がいなければ、夜も昼も、世の中もなく、自分の存在価値がないというような気持ちを感じるのです。父母を敬い、慕う心情が、皆《みな》さんのすべての生活を占領《せんりょう》しなければなりません。それでこそ、天の息子《むすこ》、娘《むすめ》であるといえます。そのような生活を通過した後で、夫や妻を迎《むか》えることができるのです。まずは、真の父母を心から慕わなければなりません。

「私」の生命の動機も父母であり、「私」のすべての希望も父母であり、「私」のすべての理想と幸福の根源も父母であるという基準を中心として、真の父母に侍《はべ》らなければならないのです。皆さんは、「私は真の父母と永遠に一つになれる息子、娘である」という信念を、自分の存在意識を超《こ》えるほどにしっかりと持たなければ

なりません。（一九七〇・三・二三）

神様には、アダムとエバを万物《ばんぶつ》の主人公として立てて願われた目標がありました。彼《かれ》らに神様の愛の感情が宿り、万物を造られた神様の創造の感情が宿ることを願われたのです。思春期に差しかかれば、万物に接するとき、神秘《しんぴ》的な感覚を抱《いだ》くようになります。皆さんも、情熱が最高に燃え上がる時に詩を書けば、驚《おどろ》くべき詩を書くことができます。このように神様は、（人間が）大宇宙の心情を備えた者として完成することを目標に設定し、人間を造られたのです。

そして、神様は人間がその目標どおりに成熟するのを待ち望まれました。時を待たれたのです。彼《かれ》らが成熟すれば成熟するほど、男性と女性が互《たが》いに接するとき、相手を大宇宙全体の実体として感じるようになることを願われました。彼らの感情

＊祝福：真の父母様による祝福結婚《けっこん》のこと。

世界に神様も入り、万物《ばんぶつ》も入れるほどに、人間が成熟することを願われたのです。

（一九六〇・五・八）

神様はなぜ、（人間に）責任分担*というものを与《あた》えたのでしょうか。人は大きくならなければなりません。成長して上がっていかなければならないのです。十五、十六、十七、十八歳《さい》の思春期まで、成長しなければなりません。成長するまで待たなければならないのです。これを原理結果主管圏《けん》、*または間接主管圏と言います。成熟する前は、愛を知らないというのです。ですから、成熟するまで待つのです。育ち切って、二人が一つになることのできるその時に神様が来られ、彼らの結婚式《けっこんしき》をしてあげれば、それでよいのです。（一九八五・一二・二四）

間接主管圏と直接主管圏*を連結するために、責任分担を完成しなければなりません。そのためには、男性が成熟し、女性が成熟しなければならないのです。エデンの園《その》における完成とは、神様のことしか分からないことです。神様を第一に愛さなければなりません。その次に、男性は女性を愛し、女性は男性を愛さなければなりません。このようになるとき、責任分担を完成して、間接主管圏から直接主管圏内に進むのです。新しい次元へと越《こ》えていくのです。（一九八七・五・二〇）

神様は、アダムとエバが完全に成熟することを願いました。これは、いが栗《ぐり》と同じです。六月や七月くらいになれば、いが栗は、収穫《しゅうかく》する時と同じ大きさになります。しかし、この時にそれをむいてみると、中身がないのです。実の形はあるのです。

＊責任分担：世界を共に創造したという条件を立てさせるために、神様が人間に下さったもの。

＊原理結果主管圏（間接主管圏）：神様が、被造物《ひぞうぶつ》が原理によって成長した結果だけを見て主管される期間。人間の場合は、自らの責任分担を果たしながら成長する必要がある。

＊直接主管圏：人間の場合で言えば、責任分担を全《まっと》うして完成し、神と心情的に一体となる境地。具体的には、アダムとエバが神様を中心として完成し、家庭を築く段階。

すが、まだ食べられないのです。それと同じです。まだ実ができていません。成熟してこそ実ができるので、神様はそれまで待たれたのです。

アダムとエバが成熟すれば、宇宙の中心になります。存在するすべてのものが、宇宙の中心の位置に立つようになるのです。ですから、十七、十八歳《さい》以上になるまで、神様は待たれたのです。神様は、アダムとエバを成熟した人間として造ったのではなく、自然の法則に従って、幼子として造りました。アダムとエバがそのまま成長し、神様と一つになって愛し合ったならば、今日《こんにち》、人類は悲惨《ひさん》なことになってはいなかったでしょう。(一九八六・三・一六)

青少年として、汚《けが》れていない、染まっていない貴《とうと》い純情を、大事にしっかりと包んで、どこに持っていくのですか。天が一番喜べる祭壇《さいだん》の前に置いて、神様が喜ばれた後で、純情を持った男性と女性が出会い、喜ばなければなりません。神様と一つになれる神聖な土台が、新郎《しんろう》新婦の出会う場所なのです。(一九七二・一〇・二四)

男性の前にいるその女性は神様の娘《むすめ》であり、人類を代表した女性であることを知らなければなりません。自分の花嫁《はなよめ》である以前に、人類を代表した女性であり、神様の娘なのです。人類が愛する女性として愛することができ、神様が愛する娘として愛することができてこそ、夫になることができます。女性もそうです。「あの人は私の男性だ」と考えてはいけないというのです。その前に、神様の息子《むすこ》であり、人類のすべての男性を代表した男性であると考えて、人類が愛する以上に愛し、神様が愛する以上に愛し、ために生きなければならないのです。（一九七六・一〇・三）

ワークシート①

1 み言をもとに、(　)に記入してみよう

Q1 神様を中心とするのが（①　　　　　）の愛です。神様から離《はな》れてしまえば、それは（②　　　　　）の愛です。相手の（③　　　　　）に生きるところから、愛が始まります。

Q2 真《まこと》の（①　　　　　）は、経験を通して体得します。人間は、子女の心情、（②　　　　　）の心情、夫婦《ふうふ》の心情、父母の心情の（③　　　　　）心情を段階的に体恤《たいじゅつ》しながら完成するのです。

Q3 理想相対《そうたい》を願う前に、私自身がまず（①　　　　　）を第一に愛し、完成しなければなりません。神様が人間に（②　　　　　）を与《あた》えたのは、人間が成熟し、完成することを願われたからです。

※ 答えは 48 ページ

2 みんなで話し合ってみよう

・生活の中で、愛を感じた出来事を挙げてみましょう。

・自らの愛を成長させるために、普段《ふだん》からできることは何でしょうか？

第二章

キケン！　偽りの愛だらけの世の中

皆《みな》さんは、普段ニュースを見ますか？　テレビやネットをチェックすると、有名人の不倫《ふりん》や離婚問題などがひっきりなしに取り上げられています。それが時には、国際的に重大なニュースよりも、人々の注目を集めることがあるくらいです。

なぜ、このような「愛」の問題が絶えないのでしょうか。これらの問題を解決するには、どうしたらよいのでしょうか。この章では、現代社会で起こっている様々な問題に触《ふ》れながら、その解決の糸口を示すみ言《ことば》を学んでいきます。

＊『幸せをもたらす真実の愛を学ぶ二世純潔講座』第二章「恋愛という幻想——ロマンチック・ラブの終焉」も参照しましょう。

1 世の中にはびこる偽《いつわ》りの愛の文化

神様が宇宙を造られた根本原理は、プラスとマイナスの概念《がいねん》を伴《ともな》っています。そのプラスとマイナスが絶対的な愛を願うならば、相手が二つであってはいけません。ただ一つ、絶対に一つでなければなりません。永遠に、絶対男性と絶対女性でなければならないのです。それで神様は、アダムとエバを、一人ずつ造ったのです。

ところが今日《こんにち》、世の中を見れば、どれほど偽りで汚《けが》れているでしょうか。女性も男性も貞操《ていそう》＊を守り、保護することは、宇宙を保護することと同じなのです。それは男性と女性の愛の秩序《ちつじょ》が、宇宙の根本だからです。

ですから、これを動物のようにむやみに扱《あつか》ってはいけません。愛の主人は神様で

＊貞操：結婚《けっこん》した相手以外と性的な関係を持たず、心と体を清く守ること。貞節《ていせつ》。

す。その中でも真《まこと》の愛の「真」は、二つを許しません。ただ一つだけです。絶対に一つなのです。（二〇〇〇・二・一三）

今日《こんにち》の現実はどうですか。戦争と葛藤《かっとう》、暴力、麻薬《まやく》など、あらゆる不義とその弊害《へいがい》が人類を不安に陥《おとしい》れています。さらに深刻なのは、若者たちの性道徳が急激に崩《くず》れ、離婚《りこん》が急増して、未婚《みこん》の母の問題や家庭崩壊《ほうかい》が、人類社会の根底を揺《ゆ》るがしているということです。

これはすべて、堕落《だらく》に起因したものです。アダムとエバが、成長期間に純粋《じゅんすい》な愛の理想を汚《けが》したためです。エバが、蛇《へび》、すなわちサタン（堕落した天使長）にそそのかされて果実を取って食べたということは、エバが原理から外れた愛の行為《こうい》で堕落したことを象徴《しょうちょう》しているのです。（一九九五・八・二二）

アメリカやいくつかの国では、このような現象が一九六〇年代の青年運動とともに現れるようになりました。理想主義的な若者たちは、愛と平和を追求すると言い、物質主義を排斥《はいせき》して立ち上がりましたが、その過程で、彼《かれ》らは物質主義だけでなく、人間の道徳性と責任感までも忘れてしまいました。自分たちの追求してきた真の愛を見いだせなくなると、多くの若者たちは自殺、麻薬中毒、フリーセックス*に陥《おちい》ってしまったのです。

このような現象の中でも、神様が最も胸を痛めたのがフリーセックスです。フリーセックスは、神様のみ旨《むね》や家庭の理想に完全に反するものです。愛というのは、純粋な情緒《じょうちょ》的刺激《しげき》から誘発《ゆうはつ》されるものですが、フリーセックスは純潔*や真《しん》の情緒とは全く関係がありません。どれほど多くの人が不倫《ふりん》の愛の関係や離婚のゆえに苦痛を

＊**フリーセックス**：性に対する規範《きはん》を持たず、誰《だれ》とでも自由に性的関係を結ぶこと。
＊**純潔**：汚れがない、清らかなこと。ここでは主に、性的な関係を誰とも持たないことを指す。肉体的なことだけではなく、精神的に恋愛《れんあい》感情を持たないことも含《ふく》まれる。

受けているでしょうか。一夜のかりそめの愛のどこに神様が臨在されるのでしょうか。(一九九三・九・七)

サタンはどのような武器を利用しましたか。気体の武器を利用しました。それがたばこです。次に、液体の武器は酒です。それから、固体の武器は麻薬《まやく》です。このようにして、精神まですべて腐《くさ》らせるのです。鼻の穴から入って肺をすべて腐らせ、体を腐らせ、精神を腐らせるのです。ですから、私たちは酒を飲まず、たばこを吸いません。これは人類を滅亡《めつぼう》させるためのサタンの武器です。神様と通じる精神を妨害《ぼうがい》するこの三つが、怨讐《おんしゅう》*の最高の武器です。

その次は愛です。フリーセックスによって、愛の秩序《ちつじょ》を破綻《はたん》させるのです。そのようなものを先生の手で、すべて整備するのです。(一九八三・四・一〇)

[2] 自己中心的な男女の愛が生み出す問題

今日《こんにち》、全世界に勢いよく燃え広がっている退廃《たいはい》の風潮を考えてみてください。聖書で指摘《してき》されたように、サタンは淫乱《いんらん》の王であり、淫乱の神です。このようなサタンの奴隷《どれい》となってしまった人類が、方向感覚を完全に喪失《そうしつ》したまま、もがきつつ生きてきたのが六千年の人類歴史です。（二〇〇五・五・一）

罪の基盤《きばん》、堕落《だらく》の基盤、悪の基盤、地獄《じごく》の基盤、このようなものが具体的にどのようにして生じたかが問題です。これは、アダムとエバまで遡《さかのぼ》って考えてみなければなりません。アダムとエバがなぜ堕落したのかという根源を掘《ほ》り返してみれば、アダムとエバは、神様が命令した「善悪の実を取って食べるな」というみ言《ことば》を不信して、堕落したのです。第二に、自己中心的でした。第三に、自己を中心として愛

＊**怨讐**：恨《うら》みの積もった敵《かたき》。

そうとしたのです。これが堕落《だらく》の中心的骨子《こっし》なので、このようにするのはサタン側であるという結論になるのです。

堕落した人々《ひとびと》は、不信の愛、自己中心の愛で愛する人たちです。結局、この世界の人々は、自己中心の愛を主張しているのです。（一九七五・七・二七）

淫行《いんこう》によって堕落したので、「終わりの日」*には、そのとおりになります。青少年がみな堕落してしまうのです。先祖がそのように種を蒔《ま》いたので、収穫期《しゅうかくき》には青少年の堕落が世界的に蔓延《まんえん》し、世界を滅亡《めつぼう》へと導くのです。今がそうなのです。間違《まちが》いありません。

フリーセックスを誰《だれ》が始めましたか。アダムとエバです。堕落をしたのですから、フリーセックスの先祖はアダムとエバなのです。（一九九四・三・一三）

不道徳と淫乱《いんらん》、そして退廃《たいはい》の風潮は、享楽主義《きょうらくしゅぎ》*と共に家庭を組織的に破綻《はたん》させています。一部の人は、「伝統的な家庭のほかに、同性愛の人々も別の形の家庭を築くことができる。彼《かれ》らは養子縁組《えんぐみ》や人工授精によって子女を持つことができる」と考えるまでに至っているといいます。

これは、長い歴史を通して人類が存続してきた、その存立《そんりつ》の霊的《れいてき》根本土台を破壊《はかい》する恐《おそ》ろしい結果を生み出しています。皮肉なことに、科学者は絶滅《ぜつめつ》する植物や動物の種類に対しては嘆《なげ》いていますが、家庭の根本が破綻していくことについては悟《さと》れずにいるようです。（一九九七・一一・二七）

生殖器《せいしょくき》を、盲人《もうじん》のように方向を見失ったまま使えば地獄《じごく》行きであり、反対に、これを神様の絶対愛の基準に合わせて使えば、天国の高い所に行くのです。すっきり

＊終わりの日：世の末。キリスト教では「終末」と言い、最後の審判《しんぱん》が行われると言われている。
＊享楽主義：快楽を追い求めることを人生の目的とする考え。

とした結論です。

今、青少年の問題が深刻です。エデンの園《その》で、アダムとエバが青少年期に淫乱《いんらん》によって堕落《だらく》し、フリーセックス（の種）を植えたので、収穫《しゅうかく》期である「終わりの日」には、必ず世界的に、青少年たちによるフリーセックスの風潮が蔓延《まんえん》する現象が起きるのです。（一九九六・九・一五）

不幸にも、現代社会はあまりに多くの状況《じょうきょう》において、この貴《とうと》い愛の器官を間違《まちが》って使っています。社会的、文化的環境《かんきょう》、特に映画、音楽、言論、インターネットなどを通して、愛の器官を間違って使わせるように導く世界的な流れができています。若者たちはいとも簡単にフリーセックスの波にのみ込《こ》まれ、家庭は崩壊《ほうかい》していきます。悲惨《ひさん》な現実です。宗教界の指導者をはじめとする志あるリーダーたちは、正しい意見を大きな声で叫《さけ》ばなければなりません。（二〇〇三・七・一〇）

3　真《まこと》の父母だけが問題を解決できる

今日《こんにち》、道徳的に退廃《たいはい》した世界を見るとき、神様の悲しみがどれほど大きいかということを、私はいつも痛哭《つうこく》する心情で見つめてきました。ソドムとゴモラ*のような淫乱の弊害《へいがい》が世界を襲《おそ》い、未来を背負うべき若者たちがフリーセックスに陥《おちい》っていく姿は、神様の最大の悲しみです。それはまさに、人類を滅亡《めつぼう》へと導く道なのです。（一九九六・六・一六）

家庭崩壊の現象は、現代社会が抱《かか》える最も深刻な危機要素となっています。国家的な次元においても、慢性《まんせい》的な経済格差、麻薬《まやく》、暴力、エイズなど、街の隅々《すみずみ》に横たわる難しい社会問題の前に、政治の力はその限界をさらけ出しています。（一九

＊ソドムとゴモラ：旧約聖書の創世記に出てくる町の名前。道徳観が乱れ、滅《ほろ》んだと言われている。

九七・一一・二八）

国連を見れば、ＮＧＯ（非政府組織）も多くの問題点を抱《かか》えています。この人たちに最も難しいことをしなさいと言って、それをする人がいるでしょうか。ＮＧＯの責任者たちは、現在の政権や社会悪に対してああだこうだと指摘《してき》しますが、私のように、国連の役割や共産主義と人本《じんぽん》主義＊を消化する問題などについて指摘するでしょうか。そのような高い次元の内容を知ってこそ、反対できるのです。青少年の退廃《たいはい》と家庭破綻《はたん》、麻薬《まやく》問題、エイズ問題、特に純潔な血統をいかにして残すかという問題について、彼《かれ》らは分かっていません。それに対する解決方法は、国家はもちろん、国連のような世界的機関の指導者たちも知りません。（二〇〇一・七・一三）

誰《だれ》がこの時代に責任を持つことができるのでしょうか。世界の問題を根本的に解決する代案を提示する指導者はどこにいるのでしょうか。神様を見失うことによって、人間は真《まこと》の愛も、平和も、幸福もみな失ってしまいました。人間は神様を抜《ぬ》きにして、自分たち同士で不幸から抜け出して平和を成し遂《と》げようと、長い歴史をかけて努力してきました。しかし、これは根本的な誤りだったのです。人間の力だけで危機を脱《だっ》することはできません。真《しん》の平和と幸福は、神様の真《まこと》の愛、真の生命、真の血統にその根源があります。（二〇〇二・一二・二七）

「終わりの日」には純潔を強調します。真の家庭、真の愛を強調しなければなりません。これがなければ、世界を収拾《しゅうしゅう》できないというのです。これは自然なことです。純潔の血統を持つことができない、ありとあらゆる人がたくさんいます。そのような血統がつながってきました。紆余曲折《うよきょくせつ》を経てきたこの血統を、誰が正すのか

＊**人本主義**：人間性を尊重し、人間の解放を目指す思想。ここでは、神様を中心とした思想ではなく、どこまでも人間を中心とした思想という意味で使われている。

というのです。これを正せなければ、天の国に帰ることはできません。(一九九六・七・二四)

フリーセックスはサタンの罠《わな》です。世の中の裕福《ゆうふく》な人たちは、その財力でサタンが仕掛《しか》けた罠にはまり、享楽《きょうらく》にふけりながら死んでいくのです。サタンは邪悪《じゃあく》な人々《ひとびと》に、さらに大きな財物の祝福を与《あた》え、彼《かれ》らが絶対に退廃《たいはい》の沼《ぬま》から脱出《だっしゅつ》できないように、壁《かべ》を造っておくのです。酒、たばこ、麻薬《まやく》、フリーセックス、この四つがサタンの主な武器であることを知らなければなりません。サタンはこのような武器を通して、人類が肉体的な満足に酔《よ》って苦しみ、そのまま地獄《じごく》行きの列車に乗るように導くのです。

それでレバレンド・ムーンは、「人類はこのような悲惨《ひさん》な地獄行きの列車から降り、良心の呵責《かしゃく》*を感じるようなことをしない真《まこと》の人間となって、真の愛の生活に戻《もど》らなければならない」と教えているのです。それが、心と体を一つにして、天国行きの

列車に乗ることができる唯一《ゆいいつ》の道だからです。（二〇〇三・一〇・一五）

本然の人間であれば、心身統一が完成するはずなのですが、サタンの血を受け継《つ》ぐことによってプラスとプラスが対立し、そこから闘争《とうそう》が始まったという事実を、はっきりと認識《にんしき》しなければなりません。今や時代は終末となりました。個人主義の王国時代であり、フリーセックス時代、父母否定時代、夫婦《ふうふ》否定時代、子女否定時代です。同性愛、エイズと麻薬が理想家庭を完全に破壊《はかい》する地上地獄時代です。神様は、これを天国に転換《てんかん》するためにメシヤを再臨させるのです。メシヤは真の父母として来て、心と体の統一、夫婦の統一、子女の統一、家庭の統一、国家の統一、世界の統一を成し遂《と》げていくのです。（二〇〇一・一・二七）

＊良心の呵責：自分のしたことに対して罪の意識を感じ、自らを責めること。

ワークシート②

1 み言をもとに、( )に記入してみよう

Q1 神様は、アダムとエバを一人ずつ創造し、(①) 的な愛を立てることを願われました。ですが、彼《かれ》らが(②) してしまったため、フリーセックスが今日《こんにち》まで広がるようになりました。

Q2 アダムとエバが堕落《だらく》したのは、神様のみ言《ことば》を不信し、(①) 中心的に考え、愛そうとしたからです。本来、愛の根拠地《こんきょち》は自分ではなく、(②) にあるのです。

Q3 真《しん》の平和と幸福は、神様の真《まこと》の愛、真の生命、真の(①) に根源があります。ですから、世界の問題を根本的に解決するには、メシヤである(②) が来なければなりません。

※ 答えは 74 ページ

2 みんなで話し合ってみよう

・最近、家庭や愛に関連して、ニュースになったことを挙げてみましょう。

・それらの問題を見聞きしながら、感じることを共有してみましょう。

【ワークシート①の答え】

Q1 ①真 ②偽り ③ため Q2 ①愛 ②兄弟姉妹 ③四大 Q3 ①神様 ②責任分担

第三章

純潔を守るって素晴らしい

学校の友達と話をするときに、必ず出てくるのが「恋《こい》バナ」。一方で、幼い頃《ころ》から家や教会で耳にタコができるほど、「純潔を守りなさい！」「付き合っちゃだめ！」とも言われてきたはずです。でも、その理由について、どこまで納得のいく説明を受けたことがあるでしょうか。

なぜ、私たちは純潔を守らなければならないのでしょうか。この章では、その答えをみ言《ことば》から探していきます。神様が男性と女性を創造された理由、結《けっ》婚《こん》の意味などについても一緒に考えていきましょう。

＊『幸せをもたらす真実の愛を学ぶ二世純潔講座』第三章「真実の愛とは——純愛・純潔のすすめ」も参照しましょう。

1　男性は女性のため、女性は男性のために生まれた

男性と女性は、お互《たが》いのために生まれました。男性は、女性がいなければ、愛を探す道がありません。愛ゆえに、男性は女性のために生まれ、女性は男性のために生まれたのです。それが貴《とうと》いのです。真《まこと》の愛は、自分を主張するところにはありません。ために生きるところにあります。ですから、互いのために生まれたというのです。神様は、真の愛を持ったお方なので、ために生きようとします。ために生きようとして、人間を造ったのです。神様のために人間を造ったのではありません。真の愛とは、ために生きることなのです。（一九八六・四・二四）

「人」と言えば、男性と女性のことを意味します。男性には、女性がいなければならず、女性には、男性がいなければなりません。男性も、自ら願ってそのように

生まれたのではありませんが、女性も、自ら願ってそのように生まれたのではありません。生まれてみたら、男性であり、女性だったのです。（一九七三・七・一二）

男性として生まれるとき、女性がいるということを知っていましたか。また、女性として生まれるとき、男性がいることを知っていましたか。何も知らずに生まれたのですが、自分を誕生させてくださった方は知っていたというのです。女性として生まれたのは、自分を必要とする男性がいるからです。同じように、男性として生まれたのは、自分を必要とする女性がいるからです。（一九七〇・一二・一二）

男性は、自分のためだけに生きようとするのではなく、相対《そうたい》のために生きようとしなければなりません。男性は何のために生まれたのでしょうか。男性自身のために生まれたのではありません。女性のために生まれたのです。

また、どんなに美人で、どんなに男性を嫌《きら》う女性であっても、なぜ女性として生まれたのかというと、それは自分のためではありません。相対のために生まれたのです。存在の起源は、「私」のために生きるところにあるのではなく、相対のために生きるところにあります。そのような世の中になれば、それは天国にほかなりません。（一九七三・一〇・二〇）

男性がなぜ生まれたかが問題なのですが、それは男性のためではなく、女性のために生まれたというのです。男性にとって最も重要なのは女性です。女性も、自分のために生まれたのではありません。生きる起源は、自分ではなく、男性なのです。女性が女性として生まれ、持っているその美貌《びぼう》は、自分のものではありません。胸は女性のものですか。大きなお尻《しり》が女性のものですか。女性のために、そのように生まれたのでしょうか。男性のために生まれたのです。また、男性の肩《かた》が大きいのは、いばって力を振《ふ》るい、暴力の親玉になるためではありません。女性を保護するためです。それで女性はお尻が大きく、男性は肩が大きいのです。そのようになってこそ、バランスが取れるのです。

生まれたのは、自分のためではありません。自分のために生まれたと主張するようになるとき、真《まこと》の愛はすべて破綻《はたん》してしまうのです。真の愛は神様から始まりました。人類のためにいらっしゃる神様です。神様の愛は、与《あた》えて、与えて、与えて、忘れてしまうのです。それが真の愛です。（一九八六・三・一四）

女性は、男性がいなければ愛の主人になれません。男性がいなければ、女性は愛の関係を結ぶことができません。女性の愛を完成させるのは男性です。男性が愛を完成させるとしても、それを男性のものとしてはいけません。その愛の実は、女性に返してあげなければなりません。また、女性は、男性の愛を完成させる主人です。女性が女性ゆえに生まれたとすれば、女性は百年もたたないうちにいなくなります。女性が生まれたのは男性のためであり、男性が生まれたのは女性のためです。女性と男性は、神様の愛ゆえに生まれました。神様の愛の相対《そうたい》です。神様が、神様御自身《ごじしん》を愛の主人にすることはできません。祝福を受けた夫婦《ふうふ》が、神様を愛の主人にしてさしあげるのです。アダムとエバが結婚《けっこん》するその時間に、神様はすべての愛の主人になります。ですから、愛ゆえにアダムとエバが生まれたというのです。（二〇〇六・三・四）

2 夫婦はお互《たが》いが神様の「半分」

男性と女性は、愛のゆえに生まれました。ですから、「私」が完成するために結婚をするのです。「私」が完成者になるためには、相対を迎《むか》えなければなりません。結婚をするのは、自分だけでは半分にしかならないからです。世界の半分にしかならないのです。月でいえば、半月《はんげつ》にしかなりません。完全な月になるために、男性には女性が必要であり、女性には男性が必要なのです。ここにおいて、相手に「私のために生きよ」と言えば逃《に》げていきますが、ために生きようとするときには、つ

いてくるのです。（一九九一・一〇・二八）

結婚《けっこん》は、自分の個人的愛を完成させると同時に、相手の愛を完成させるためにするのです。個人の愛を完成すると同時に、神様の愛を完成させるために「私」が結婚するというとき、どれほど気分がいいでしょうか。地上に神様が愛することのできる土台を準備するために、男性と女性は結婚しなければなりません。二人が愛で一つになった基準の上に、初めて神様の愛が訪ねてくるのです。結局は、神様の愛のためなのです。神様の愛を自分が持つためです。（一九八七・五・二〇）

「男は右足になり、女は左足になって、人類のために生き、神様のために生きよう。そのような愛の足跡《あしあと》を残す家庭をつくり、幸せになろう」という夫婦《ふうふ》になることを神様は願われます。右足は夫であり、左足は妻です。片方の足を引きずるようにして歩いてはいけないというのです。「間違《まちが》いなく正しく歩きます」と言わなければなりません。そうして、まっすぐに行かなければなりません。それでこそ、結婚する資格があります。「私が夫を愛するのは、人類を愛することであり、神様を愛することだ」と言わなければならないのです。（一九七六・一〇・三）

皆《みな》さんは、神様を喜ばせる贈《おく》り物をもっていますか。神様が訪ねてくるとき、「本当にありがとう！」と言える贈り物、家庭的に善なる贈り物を差し上げられるのかというのです。夫婦になっていれば、神様が訪ねてくるときに、贈り物として差し上げるべきものは、ほかでもなく、愛で一つになった夫婦（の姿）です。

愛で一つになった夫婦とは、どのような夫婦でしょうか。自分のために生きるのではなく、妻は夫のために、夫は妻のために生きる夫婦です。その夫婦が、永遠に一つになろう、生殖器《せいしょくき》を守って永遠に行こうと言うなら、その家庭を、神様は贈り物として受け取ることを願われるのです。（二〇〇三・三・二）

人間はなぜ結婚《けっこん》しなければならないのでしょうか。主人の位置を探し出すためです。男性も女性も、独りでは半分にしかなりません。神様の創造がそのようになっています。それで神様は、愛の器官である生殖器《せいしょくき》の主人を、互《たが》いに取り替《か》えておいたのです。妻の生殖器の主人は夫であり、夫の生殖器の主人は妻です。互いに、「ために生きる愛」を中心としてこそ、相手の主人の位置に立つことができます。このような主人の位置を確保するために、人間は結婚するのです。(二〇〇六・三)

統一教会では、結婚を祝福と言います。独りで愛を求めていく孤独《こどく》な道を捨て、男性と女性が、孤独なときには互いに慰労《いろう》することができ、うれしいときには一緒《いっしょ》に喜ぶことができ、困難なときには力になってあげられる相対《そうたい》的立場に立って、一人は右足、右手になり、一人は左足、左手になって、神様を讃美《さんび》し、神様の愛を生活舞台《ぶたい》に広げていくのが、結婚生活なのです。(一九七八・一〇・二八)

男性が愛を感じるからといって、それは自分によるものではありません。女性から始まったものです。また、女性が愛を感じるからといって、それも自分によるものではなく、相対である男性によるものです。すなわち、愛の主人は相対なのです。ですから、愛を貫《とうと》く思う以上に、相手を貫く思い、相手に感謝して、ために尽《つ》くさなければなりません。

これが、祝福を受けた夫婦《ふうふ》が永遠に共に暮らすことのできる根本の道理です。このように夫婦が互いにために生き、尊重し合い、真《まこと》の愛によって完全に一つになるとき、これを通じて、堕落《だらく》したサタンの血統が根絶されるのです。（二〇〇〇・二・一三）

祝福は、天地で最も貴いものです。同時に、極《きわ》めて恐《おそ》ろしいものです。もし夫婦が、互いに違《ちが》う人のことを考えるとすれば、相手を蹂躙《じゅうりん》＊することになります。皆《みな》さ

＊蹂躙：踏《ふ》みにじること。

んから善の先祖、善の地、善の国が生じるのですから、祝福を受けた人は、目を開けさえすれば、天地を思わなければなりません。祝福は、人に福を分けてあげるためのものです。夫婦《ふうふ》は、お互《たが》いに心の父、母にならなければなりません。世の中の人たちが、「私たちもあなたたちのような家庭をつくりたい」と言うようにしなければならないのです。（一九六三・一〇・一七）

天国は、どこからつくられるのでしょうか。家庭からつくられます。私たちは何主義でしょうか。家庭主義です。私たちが掲《かか》げる天宙主義は、「天」という字に家を意味する「宙」の字、すなわち「天の家主義」だというのです。それでこそ、天宙という意味が明確になります。聖書の六十六巻はみな、理想的な家庭を願ったみ言《ことば》です。

また、万民《ばんみん》が願うことは何でしょうか。理想的な妻を迎《むか》えることです。女性が最も願うことは、理想的な夫に出会うことです。女性がいくら博士になって、世界に向かって大きなことを言ったとしても、その願いは、理想的な男性に出会うことです。愛することのできる理想的な男性に出会って、福の多い息子《むすこ》、娘《むすめ》を生むことです。これが幸福の根です。統一教会の理想は、他のところにあるのではありません。出発も家庭であり、結論も家庭なのです。（一九六九・一〇・一八）

3　純潔は必ず守らなければならないもの

男性も純潔であり、女性も純潔でなければなりません。結婚《けっこん》前に汚《けが》すことはあり得ません。純潔、それから純血です。愛を望む人は、純潔を守らなければならず、新しい血統、純血の血統を受け継《つ》がなければなりません。ですから、純潔、純愛、純血です。そのようにして男性と女性が結婚《けっこん》し、二人が一つになって、東西南北が入れ替《か》わっても、上下が入れ替わっても、前後左右が入れ替わっても、「こうしてもいいし、ああしてもいい。それでも私は投入して忘れ、ために生きる」となれば、

千年、万年、解放されるのです。そうすれば和合しないものがないので、統一世界が現れるのです。(二〇〇四・二・二四)

私が語る純潔とは、一時期、女性だけに強調されていた封建的《ほうけん》な純潔のことではありません。神様の大原則から見た、男女共通の純潔のことをいうのです。

それは、男性と女性が結婚《けっこん》するまで共に貞操《ていそう》を生命視してこれを守り、理想相対《そうたい》に出会って祝福を受け、結婚したのちには、主体と対象が限りなく愛し合いながら永遠に暮らす、一男一女の理想です。

私は今日《こんにち》、女性よりも、かえって男性の純潔を強調したいと思います。今日、世界の男性たちが節操《せっそう》のない愛によって転落することで生じる被害《ひがい》が、全人類の幸福を破壊《はかい》する原因になっていると言っても過言ではありません。(一九九五・八・二三)

神様の愛以上に貴《とうと》いものはないので、神様の愛さえ持てば、宇宙は「私」のものです。神様のものであると同時に、「私」のものなのです。女性が持っている愛の器官は男性のものであり、男性が持っている愛の器官は女性のものです。ですから、「あなたの体は私の体であり、私の体はあなたの体である」という言葉が成立します。そのように入れ替《か》わっているのです。

男性にあるからといって男性が主人ではなく、女性にあるからといって女性が主人ではありません。いい加減に使えば大変なことになるのです。それは絶対的です。ですから、統一教会では自己本位な恋愛《れんあい》をさせません。初めての情を夫にあげなければなりません。アダムとエバも同じです。それで、初愛《はつあい》＊が貴いのです。初愛は神様が導きます。神様が初愛の橋に乗り、地獄《じごく》と天国を連結するのです。このようになれば、地獄はなくなります。（一九八六・三・一六）

＊初愛：精神的、肉体的に初めて愛し合うこと。

初愛《はつあい》がどれほど貴重で恐《おそ》ろしいものであるかを知らなければなりません。初愛が間違《まちが》えば、愛の王宮を失い、生命の王宮、血統の王宮すべてを失ってしまいます。人間始祖の堕落《だらく》はそれほど恐ろしいものだったのです。地上天国と天上天国の起源を失ってしまいました。天地がすべて地獄《じごく》に変わったのです。「生殖器《せいしょくき》」という言葉が卑《いや》しいものになってしまったのも、それが天地を滅《ほろ》ぼした種となったからです。それで今まで、最も悪いものとして扱《あつか》われてきたのです。（二〇〇一・一・二九）

男性と女性が愛する本宮である生殖器は、愛の王宮であり、生命の王宮であり、血統の王宮です。祖父母もそれを中心として生き、父母もそれを中心として生き、自分たち夫婦《ふうふ》もそれを中心として生き、将来生まれる子女もみな、それを中心として生きるのです。ところが、それが悪いもの、下品な言葉になってしまいました。なぜでしょうか。本来は神聖な言葉です。神聖な言葉として受け止めなければなりません。そこで永遠の愛がつながり、永遠の生命、永遠の血統が出てきます。最も貴《とうと》いものです。ですから、それを犯《おか》す人は、生命の世界、愛の世界、歴史の世界から歓迎《かんげい》を受けることができません。（一九九〇・一二・一）

いくら美男美女がやって来て皆《みな》さんを誘惑《ゆうわく》しても、引っ掛《か》かってはいけません。従順と貞節《ていせつ》を重要視する男性と女性になって、祝福の血統を千年、万年守り、数千代にわたって純潔を守る子孫を残さなければなりません。そのような子孫を長く残すほど、世界を指導し、天国を指導できる皇族圏《こうぞくけん》*の血族として残されるのです。（一九九三・一〇・一七）

***皇族圏**：神様・真《まこと》の父母様の血統を相続した子女が、アベルとカインの関係で一つになった氏族・民族・国家のこと。

4 神様が願われる絶対「性」

アダムとエバがモデル平和理想家庭を築くに当たって、絶対必要条件があります。絶対者であられる神様が、絶対的基準の上で絶対的価値を与《あた》えるために、御自身《ごじしん》の子女として創造した人間は、天道が求める絶対基準の道を行かなければなりません。絶対者であられる神様を父母として侍《はべ》るために、行かなければならない宿命的路程があるのです。言い換《か》えれば、人間が神様に似る者となって完成し、絶対者の息子《むすこ》、娘《むすめ》と呼ばれる人格者の姿を確保するには、天が定めた絶対的基準の道を歩まなければならないということです。その中で最も重要なものが、まさに絶対「性」*の基準です。(二〇〇六・一一・二一)

第一に、結婚式《けっこんしき》の時まで守るべき絶対「性」、すなわち絶対純潔の基準があります。

人間は誰《だれ》もが、生まれてから成長過程を経ていきます。父母の愛と保護のもと、比《ひ》較《かく》的安全で無難な幼少年時代を経たのち、周囲のすべての人たちはもちろん、万物《ばんぶつ》万象《ばんしょう》と共に新しい次元の関係を結び、新しく躍動《やくどう》的な人生を出発する青少年期に入っていきます。外的に成人になるだけでなく、内的に人格完成をすることで絶対人間になる道に入っていく瞬間《しゅんかん》です。

ここで、人間なら誰でも例外なく守るべき絶対必要条件が、まさに純潔です。人間にとって純潔が絶対「性」のモデルであり、必要条件なのは、それが創造理想を成し遂《と》げるために神様が御自身の子女に与えられた宿命的責任であり、義務であり、天道だからです。それが、まさに絶対「性」を完成する道なのです。（二〇〇六・一一・二二）

＊絶対「性」：神様が願われる絶対、唯一《ゆいいつ》、不変、永遠の「性」（関係）のこと。

神様が人間始祖のアダムとエバを創造して与《あた》えてくださった、唯一《ゆいいつ》の戒《いまし》めは何だったでしょうか。それは天が許す時まで、お互《たが》いの「性」を絶対的基準で守りなさいという戒めであり、祝福でした。善悪の実を取って食べれば必ず死に、取って食べずに天の戒めを守れば、人格完成はもちろん、創造主であられる神様と同等の共同創造主の位置に立つようになるのです。さらには万物《ばんぶつ》を主管し、永遠で理想的な幸福を謳歌《おうか》する宇宙の主人になるというのです。聖書のみ言《ことば》は、まさにこの点を踏《ふ》まえて語られたものです。

それは、婚前《こんぜん》純潔を守り、真《まこと》の子女として天の祝福のもとで結婚《けっこん》して真の夫婦《ふうふ》となり、真の子女を生んで、真の父母になりなさいという祝福でした。これは、神様の創造原則である絶対「性」を離《はな》れてなされるものではありません。神様のこの戒めの中には、人間が歴史を通して、神様の子女として個性を完成し、万物の主管主の位置に立つためには、神様の創造理想である絶対「性」のモデルを相続しなければならないという、深い意味が隠《かく》されていたのです。(二〇〇六・一一・二一)

第二の基準は、夫婦間において、命よりも貴《とうと》く守るべき絶対「性」のモデル、すなわち絶対貞節《ていせつ》の天法です。夫婦は、天が定めてくださった永遠の伴侶《はんりょ》であり、子女を生むことによって真の愛、真の生命、真の血統を創造する共同創造主となる、絶対、唯一、不変、永遠性の本源地です。独りでは、千年生きても子女を生むことができないというのが天理だからです。婚前純潔を守り、純粋《じゅんすい》な天の夫婦として結ばれた人たちが、どうして天道を外れて不倫《ふりん》をすることができるでしょうか。動物とは異なり、神様が人間を御自身《ごじしん》の子女として創造された、その旨《むね》を知ったなら、それは創造主に対する想像もできない裏切りと悖逆《はいぎゃく》*であり、自ら破滅《はめつ》の墓を掘《ほ》る道なのです。人間が堕落《だらく》した結果としてもたらされた、創造理想圏外《けんがい》の結果です。（二〇〇六・一一・二一）

***悖逆**：本来歩むべき道から外れ、背《そむ》くこと。

絶対「性」は、天が人間に与《あた》えられた最高の祝福です。絶対「性」の基準を固守しなければ、人格完成、すなわち完成人間の道を行くことが不可能だからです。さらには、神様も人格神、実体神の位置に立つためには、完成した人間を通して真の家庭的絶対「性」の基盤《きばん》を確保しなければならないのです。

絶対者であられる神様が、私たちの人生を直接主管され、私たちと同居し、共に楽しまれるためには、御自身《ごじしん》の対象であり、子女として創造した人間が、神様のように絶対「性」の基準で完成した家庭を備えなければなりません。絶対「性」を中心とする家庭の枠組《わくぐ》みの中でこそ、祖父母、父母、子女、このような三代圏《けん》を含《ふく》む、人間の本然の生き方における理想的なモデル「性」の関係が創出されるのです。この基台の上でこそ、神様の永生はもちろん、人間の永生も可能になるのです。（二〇〇六・一一・二一）

絶対「性」を中心とするアダムとエバが、神様のみ旨《むね》のとおりに個人完成、すなわち人格完成を成し遂《と》げ、神様の祝福の中で夫婦《ふうふ》関係を結び、神様と完全に一体となっていたならば、神様が彼《かれ》らの中に臨在できる関係が成立していたでしょう。さらには、彼らの子女にも、神様と直接的に父子の関係を結ぶことができる愛の基準が連結されていたでしょう。

言い換《か》えれば、完成したアダムとエバの絶対「性」を中心とする結婚《けっこん》は、神様御自身の結婚になっていたのです。神様であると同時にアダムであり、神様であると同時にエバになるのです。そうして、アダムとエバが神様の体になることによって、神様が彼らの心の位置に安着され、有形、無形、二つの世界で、共に絶対「性」を中心とする人類の真《まこと》の父母になっていたでしょう。（二〇〇六・一一・二一）

絶対「性」を守れなくなれば脱落《だつらく》します。それゆえに人間が堕落《だらく》し、神様が今まで苦労しているのです。神様の胸に大きな釘《くぎ》を打ち込《こ》んだのは何でしょうか。アダムの生殖器《せいしょくき》とエバの生殖器です。二人が誤ったために、天下がすべて崩《くず》れたのです。

天下を造っておいたのに、そのことゆえにすべて崩《くず》れたというのです。

それをよみがえらせる責任があります。ですから、アダムとエバが堕落《だらく》する時に神様が深刻になった以上に、皆《みな》さんは性の問題を中心として、(絶対「性」を)絶対視しなければなりません。ですから、鮮文《ソンムン》大学に純潔学科をつくったのです。(二〇〇六・一一・二二)

愛は唯一《ゆいいつ》のものです。一つしかありません。唯一のものであり、絶対的なものです。そのような愛を願うので、妻に接するとき、絶対「性」をもって接しなければなりません。妻に出会うことで、天国が「私」を訪ねてくるようになります。そのようになっているのです。男性がいくら苦労しても、愛の道を訪ねていき、愛の正《せい》道《どう》に従わなければ、天国には行けません。そのような天国を紹介《しょうかい》するために訪ねてきたのが、妻であり、夫なのです。その二人が仲たがいする日には、天国が壊《こわ》れていきます。私たちの人生の本然の理想と夢が、崩れていくのです。(一九八六・一・

二六）

神様が一代、真《まこと》の父母が二代、皆さんは三代です。そして、神様を一代、皆さんを二代とすれば、皆さんの子女で三代圏《けん》ですが、それが四位《よんい》基台理想を中心として汚《けが》れのない純潔な女性、男性となり、純潔な愛、純潔な生命、純潔な血統を千年、万年残すことが、祝福の根本の伝統です。（二〇〇二・六・一〇）

ワークシート③

1 み言をもとに、(　)に記入してみよう

Q1 男性の愛を完成させるのは（①　　　　）であり、女性の愛を完成させるのは（②　　　　）です。私が存在するのは、自分のためではなく、（③　　　　）のためなのです。

Q2 男性も女性も、独りでは（①　　　　）にしかなりません。ですから（②　　　　）するのです。そうして愛で一つになった基準の上に、（③　　　　）の愛が訪ねてきます。

Q3 妻が持っている愛の器官は（①　　　　）のものであり、夫が持っている愛の器官は（②　　　　）のものです。結婚《けっこん》する前は（③　　　　）を守り、祝福を受けた後はお互《たが》いに貞節《ていせつ》を守りながら、永遠に愛し合って生きるのが、（④　　　　）の基準です。

※ 答えは 88 ページ

2 みんなで話し合ってみよう

・学校で恋愛《れんあい》の話になったとき、どのように受け答えしていますか？

・どのような夫婦《ふうふ》が素敵《すてき》だと思うか、具体的に挙げてみましょう。

【ワークシート②の答え】

Q1 ①絶対 ②堕落　Q2 ①自己 ②相手　Q3 ①血統 ②真の父母

第四章

兄弟姉妹の愛を育もう

純潔を守ることがとても大切だということは分かったと思います。それでは、結婚《けっこん》するまで、異性はひたすら避《さ》けたり、無視したりすべきなのでしょうか？　しかし、それでは兄弟姉妹《しまい》の心情を育《はぐく》むことが難しくなってしまいますよね。

「異性の愛」と「兄弟姉妹の愛」の違いは果たして何でしょうか。この章では、兄弟姉妹が必要な理由や、思春期に起こる現象などについて学びながら、兄弟姉妹として、お互《たが》いにどのように接していけばよいのかを考えていきます。

＊**『幸せをもたらす真実の愛を学ぶ二世純潔講座』第四章「兄弟姉妹の愛と異性の愛――男女の愛の見極め方」も参照しましょう。**

1 兄弟姉妹の愛は人類愛に通じる

人間は、愛によって生まれ、愛を受けながら、幼い時期を過ごします。しかし、ある程度まで成長すると、父母の愛だけでは足りなくなり、兄弟間の愛と氏族の愛を中心として、横的な愛を広げ始めるのです。すなわち、天宙*のすべての愛を受けながら、成熟していくのです。特に思春期に入ると、異性間の愛を切実に求めるようになります。これは、異性間の愛によって総合的な愛の圏《けん》に入り、愛の中心を訪ねていけるようになるからです。（一九八三・四・二四）

兄弟が愛で一つに結ばれ、神様に孝行できる孝子《こうし》、孝女《こうじょ》となってくれることが神

＊**天宙**：地上世界と天上世界を総合したもの。

様の願いでした。聖書は、人間として守るべき戒《いまし》めの中でも、第一の戒めについて触《ふ》れています。「『心をつくし、精神をつくし、思いをつくして、主なるあなたの神を愛せよ』。これがいちばん大切な、第一のいましめである」（マタイによる福音書《ふくいんしょ》二二・三七、三八）とあるのです。神様が最も好むものとは何でしょうか。お金ではありません。知識でもありません。権力でもありません。真《まこと》の愛です。

自分の心を尽《つ》くし、精神を尽くし、思いを尽くして、すべてを尽くして神様を愛することが、第一の戒めです。そして、自分を愛するように隣人《りんじん》を愛することが、第二の戒めなのです。（一九八六・三・一五）

兄弟が拡大して国民となり、世界の人類となります。ですから、兄弟愛は世界愛と通じます。たくさんの兄弟が育つ家庭は、理想的な天国、地上天国と天上天国をつくるモデルのようなものです。（一九九二・一〇・一）

なぜ兄弟姉妹《しまい》が必要なのですか。男の子は、お姉さんや妹を見ながら、「お母さんはあのように育ったのだなあ」ということが分かるのです。母親が育っていく過程を見るのです。また、女の子はお兄さんや弟を見ながら、「お父さんはあのように育ったのだなあ」と思うのです。それが兄弟姉妹の愛です。そのように育ちながら、一つになるのです。ですから、兄弟姉妹を愛さなければなりません。（一九八八・一一・一三）

兄を絶対的な価値の主体の位置に立ててくれるのは、対象である弟です。兄を父親のように敬い、姉を母親のように信じて頼《たよ》るのが、美しい兄弟姉妹《しまい》の心情圏《けん》です。兄は弟に対して、あたかも父母が子女を愛するような心情で面倒《めんどう》を見ながらために生き、弟は兄や姉に対して、父母に侍《はべ》るように敬うことで真の愛を実践《じっせん》するのです。互《たが》いに足りない点を補い合い、良い点は育て、学び合う真の兄弟愛がそこで完成します。それは誰《だれ》も引き離《はな》すことのできない、血を分けた兄弟姉妹間の愛であり、

心情圏《けん》です。（二〇〇四・一二・二）

霊界《れいかい》に行けば、父母、夫婦《ふうふ》、兄弟姉妹《しまい》、子女に対する愛を十分に持った人、すなわち家庭生活で深い愛の経験をした人が、多くの自由を得られるのです。何の制限もなく、どの方向にでも行けるのです。反対に、愛の経験のない人は、心が狭《せま》く、霊界でも孤立《こりつ》していて、自由が全くありません。父子の間の愛は縦的な関係であり、夫婦の間の愛は横的な関係であり、兄弟姉妹の間の愛は、回りながら囲む関係です。この三つの関係は、互《たが》いに異なるのです。（一九七七・一・一）

皆《みな》さんが宇宙的な天国の理念を代表する存在となり、神様の真《まこと》の愛と、真の生命と、真の血統と、真理の運動を展開するなら、平和の世界がこの地につくられるのです。ですから、自分の父母だけが父母ではなく、自分の兄弟だけが兄弟ではなく、自分の子女だけが子女ではありません。

皆さんが、すべての人を自分の父母、兄弟、子女と思える人格を備えたとすれば、この世界で苦しむ多くの人々《ひとびと》を見つめるとき、涙《なみだ》なしに向き合うことはできないはずです。兄弟や、幼い子供たちを見つめるとき、彼《かれ》らを救おうという責任感を持って、涙を流しながら努力するでしょう。本当に、神様のようにそう思う皆さんになれば、皆さんを中心として、この地に天国が建設されるでしょう。（二〇〇二・六・二二）

2 思春期は異性に関心が向く時

男性も女性も、大きくなれば、愛を中心として動こうとします。自分のことばかり考えていた目つきが変わり、横を眺《なが》めるようになるのです。恥《は》じらいも知らず、澄《す》ましてばかりいた女の子たちも、思春期になれば脇見《わきみ》をし始めます。父母だけを見つめていた目が、横に向かうようになるのです。それは悪いことではありません。自然現象です。自己保存のためであり、大きな舞台《ぶたい》で相対《そうたい》となる世界を持つためな

のです。(一九九二・一一・一三)

いくらきれいな女性でも、思春期はたった一度しかありません。それは、花の中の花であり、一生で最も貴《とうと》い時です。それにもかかわらず、「私は独りで暮らそう」と考える女性がいるでしょうか。また、男性たちの中でも、体格が良く立派な若者なのに、「自分《じぶん》独りで生きよう」と考える人がいますか。そのような時には、必ず相対《そうたい》を求めるようになります。誰《だれ》に似て、そうなるのでしょうか。神様に似て、そのようになるというのです。神様がそうだというのです。一生の最も貴い時である若者の時期に相対を求めていくのは、男性も女性も同じです。(一九七〇・七・一九)

思春期に、女の子たちが男性のことを思えば、「あの人は、世界を代表した男性だ」と考えます。その時は、みな詩人になったり、作家になったりします。天下をつかんで自分の胸に抱《いだ》きたいと思うし、大海を抱いて歩きたいと思うのです。ですから、青春時代は良い時代だというのです。横的な立場では、主体と対象が出会うことで互《たが》いに距離《きょり》が近くなり、縦的な立場では、神様と人間が近づくからです。男性と女性が成熟し、真《まこと》の愛で結ばれるとき、神様が創造の時に投入したあらゆるものが結実し、返ってくるのです。(一九七二・一一・一三)

人が福を受ける道とは、どのような道でしょうか。原理原則に従って、神様の最高傑作《けっさく》である人間を愛する道です。それでは、愛の順序はどこから始まるのでしょうか。子女から始まるのではなく、父母から愛を受けるところから始まるのです。そして、一番麗《うるわ》しい時期、花がいっぱいに咲《さ》く青春時代はいつからかというと、思春期からです。その時期がまさに、十八歳《さい》から二十四歳までの七年間です。この七年間は一生に二度とない、愛の花が咲く時期です。一度しかないこの麗しい時期が、どれほど貴いでしょうか。

芍薬《しゃくやく》の花は、簡単に散らされないように、つぼみが黄色の房《ふさ》によってしっかりと

包まれています。男性も女性も、これと同じです。皆《みな》さんの愛のつぼみをいっ
ぱいに咲《さ》かせるのでしょうか。天地の調和の中で、その美しさが最もよく現れるの
が、その時期です。人間にとって、最高に咲く時なのです。神様の傑作《けっさく》となり、最
も中心の結晶《けっしょう》として輝《かがや》く期間です。成長する中で、最も麗《うるわ》しい時期、最も美しい時
期が、青春時代です。(一九六九・一〇・二五)

思春期には、ただ秋風に吹《ふ》かれて落ち葉が転がっていくのを見るだけでも笑うの
です。おとなしくしていた女の子たちも、髪《かみ》の手入れや化粧《けしょう》をし、しきりに何かを
身に着けようとするのです。欲も強くなります。それは愛の横的な現象です。

人生というのは旅のような道のりですが、ここで備えるべきなのは、縦横の愛を
体恤《たいじゅつ》することです。真《まこと》の父母の愛、真の夫婦《ふうふ》の愛、真の兄弟姉妹《しまい》の愛、真の子女の
愛を中心とした家庭を築いたのち、これを横的に拡大し、東西南北に多くの家庭を
増やさなければなりません。そうして、彼《かれ》らが縦横を連結する真の家庭を築き、氏

族圏《けん》、民族圏、国家圏、世界圏において、神様と真の愛で連結されるとき、その世界を天国というのです。（一九九九・一・一七）

3 神様の目で見つめ、自分を分別する

まだ咲いてもいないつぼみなのに、手紙を書いて恋愛《れんあい》をする愚《おろ》かな若者になってはいけません。自然に、大きく咲かなければなりません。神様が御覧《ごらん》になるとき、「やあ！　純粋《じゅんすい》に、清らかに咲いたな。初々《ういうい》しい香《かお》りだな」と言えなければなりません。神様も希望が大きいというのです。そのような神様が願われるのは、手付かずのものでしょうか、つぶれてぺちゃんこになったものでしょうか。

堕落《だらく》した人間でも手付かずのものを願うとすれば、神様は、それをもっと願うのではないでしょうか。ですから、純情をもっていっぱいに咲き、今日《こんにち》の堕落した世界において悲しみの峠《とうげ》に引っ掛《か》からず、それを越《こ》えていける、価値ある皆さんにな

らなければなりません。（一九七一・八・一九）

アダムとエバは、なぜ堕落《だらく》したのでしょうか。責任を果たせなかったからです。責任分担は、アダムやエバが一人でできますか。まず神様と一つにならなければなりません。神様と一つにならなければ、責任分担を完遂《かんすい》することはできないのです。その次に、「原理」と一つにならなければなりません。この二つの条件が成立しなければなりません。

ですから、「絶対的に神様を信じなさい！　絶対的に神様に身を委《ゆだ》ねなさい！　神様を中心として完全に立ちなさい！」というのが、信仰《しんこう》の第一条です。いかなる宗教でも、これが信仰をする人々《ひとびと》にとって第一条です。その次が「原理」です。神様が立てた法則と、完全に一つになりなさいというのです。（一九七六・五・二三）

神様を中心として一つになれば、ありとあらゆる形で回るようになります。ですから、兄弟間で愛し合うときも、父母が子女を愛する姿を見習って、兄は弟や妹を愛さなければなりません。そのように愛し合って一つになった家庭には、家庭愛が花咲《はなさ》くのです。これがまた、社会愛になります。さらにはこれが、民族愛になるのです。このように愛していけば、それが世界愛になるのです。（一九七〇・一・一二）

青春時代に純情を失ってしまったアダムとエバの恨《ハン》を踏《ふ》み越《こ》え、蕩減《とうげん》できる貴《とうと》い時である思春期に、純情を汚《けが》してはいけません。その純情をきれいに、大切に保存して、「千代、万代《まんだい》、一人で行くとしても、愛が蹂躙《じゅうりん》されることは絶対にあり得ない」という信念と決意を持たなければなりません。

民族を愛し、国を愛さなければ、愛する人に出会うことはできません。世界を愛さなければ、愛する人を得ることができないというのです。これが統一教会の伝統的な思想です。ですから、神様を愛し、世界を愛し、民族を愛した後に、自分の妻を愛し、夫を愛することができるのです。これが原則です。（一九七〇・一二・二二）

ワークシート④

1 み言をもとに、(　)に記入してみよう

Q1 兄弟愛は（①　　　　　）と通じます。兄弟が拡大して、国民となり、世界の人類となるのです。互《たが》いに（②　　　　　）点を補い合い、良い点は育て、学び合うのが真《まこと》の兄弟愛です。

Q2 （①　　　　　）になると、必ず相対《そうたい》を求めるようになります。（②　　　　　）な立場では、主体と対象が出会うことで互いに距離《きょり》が近くなり、（③　　　　　）な立場では、神様と人間が近づく時期なのです。

Q3 第一に、（①　　　　　）と一つになり、次に、「（②　　　　　）」と一つにならなければなりません。（③　　　　　）を中心として一つになれば、ありとあらゆる形で回るようになるのです。

※ 答えは 104 ページ

2 みんなで話し合ってみよう

・友達と兄弟姉妹《しまい》の違《ちが》いは何でしょうか？

・異性の愛と兄弟姉妹の愛の違いは何でしょうか？

【ワークシート③の答え】

Q1 ①女性 ②男性 ③相対　Q2 ①半分 ②結婚 ③神様　Q3 ①夫 ②妻 ③純潔 ④絶対「性」

第五章

偽りの愛は「堕落」から始まった

「堕落《だらく》」と言われても、はるか遠い昔の出来事と思う人もいるかもしれません。また、聖書で記されているように、堕落とはエデンの園《その》で木の実を取って食べてしまったこと、くらいに考えれば、あまり自分とは関係のない話のように思えます。しかし、それが実際はどういう意味なのか、その時、アダムとエバの心の動きはどうだったのか、ということを知ってみると、それが決して他人事ではないことに気づくと思います。

この章では、堕落の内容と、それを防ぐ方法について学んでいきます。自分がアダムやエバの立場に置かれたらどうすべきだろう、ということを考えながら読んでみましょう。

＊『幸せをもたらす真実の愛を学ぶ二世純潔講座』第五章「天使長とエバの動機――愛と誘惑のメカニズム」も参照しましょう。

1　堕落とは何か

堕落は、どこから始まったのでしょうか。男と女の間で堕落したというのは、どういうことでしょうか。聖書の文字どおり、善悪の実を取って食べたのが堕落でしょうか。

果物を取って食べたのが原罪*になることはあり得ません。異性間で堕落し得《う》るのは、誤った愛しかありません。人間始祖が果物を取って食べた罪によって、その子孫が千代、万代《まんだい》、罪人になるでしょうか。血統的に罪の根を植えたので、遺伝の法則によって永遠に持続するのです。

不倫《ふりん》の淫行《いんこう》関係によってエバは天使長と一つになり、天使長と一つになったエバ

*原罪：人間始祖が犯《おか》すことによって、すべての人類が受け継《つ》ぐことになった罪。

が次に、アダムと一つになりました。それにより、アダムとエバは神様を中心とせず、天使長を中心とした夫婦《ふうふ》関係を結んで家庭を築いたので、その子孫であるすべての人間が、サタンの血統を受け継《つ》ぐようになったのです。（二〇〇四・一二・一三）

具体的に堕落《だらく》とは、神様の祝福の中で挙げるべき結婚式《けっこんしき》を、サタンを中心として挙げたことをいうのです。創造原理によれば、真《まこと》の愛、真の生命、真の血統は父母から相続します。したがって、サタンを父母として生まれた人類は、選択《せんたく》の余地なく偽《いつわ》りの愛、偽りの生命、偽りの血統を授《さず》かったのです。生まれながらにして心と体の葛藤《かっとう》の中で苦しみ、死ぬ瞬間《しゅんかん》までもその問題を解決できずに旅立っていく、かわいそうな人間になってしまったのです。（二〇〇五・八・二〇）

サタンはもともと、どのような存在なのでしょうか。悪魔《あくま》というのは、（もともと）神様の僕《しもべ》です。この僕が主人の娘《むすめ》を奪《うば》ったのです。これが堕落です。聖書では、エバが善悪の実を取って食べたのが堕落だとありますが、善悪の実は果物ではありません。僕が主人の娘を奪ったのです。将来、代を継ぐ息子《むすこ》と娘を生み育て、神様の理想を完成しようとしていたのに、僕として造った天使長が主人の娘を奪ったのです。それが人類の堕落の起源になりました。（一九七六・三・四）

堕落とは何ですか。神様の最も貴《とうと》いものを盗《ぬす》んだことです。悪魔の行為《こうい》です。最も貴いものとは何かというと、愛と生命と血統です。これを汚《けが》したのです。ですから、歴史を通して神様が最も嫌《きら》うものは淫乱《いんらん》です。ローマは、外敵の侵略《しんりゃく》によって滅《ほろ》びたのではありません。淫乱のゆえに滅びたのです。（一九九〇・一・一二）

堕落とは、サタンの利己的な偽りの愛によって天道に逆らったことであり、結果的には、神様と真の愛が分からない無知に陥《おちい》ったことです。こうして人間はサタンに従い、神様を失って、本然の価値も失ってしまったのです。創造本然の理想の完成である、心身一体を成し遂《と》げた真《まこと》の人になることができず、幸福の根本要因である、真の愛を中心とした真の家庭を築けませんでした。（一九九八・六・一一）

取って食べてはならないと言われた善悪の実とは、未完成なエバの貞操《ていそう》のことであり、さらにはエバの生殖器《せいしょくき》を指し示《しめ》しているのです。人間にとって生殖器は、神様が最も心血を注いで創造されたものです。それは真の愛の王宮であり、真の生命の王宮であり、さらには真の血統の王宮として創造されたのです。善悪の実とは、文字どおり、王と関係を持てば王子を生み、マフィアと関係を持てばマフィアの子供を生むということです。種を蒔《ま》けば、そのとおりに収めるようになります。それで、善と悪を分ける善悪の実だというのです。（二〇〇一・七・三）

アダムとエバは、成長期間にある時に真の愛を蹂躙《じゅうりん》しました。彼《かれ》らは、真の愛の理想の中で成熟段階に到達《とうたつ》する前に不倫《ふりん》の性関係を結び、子女を生み殖《ふ》やすことによって、神様の原理から逸脱《いつだつ》しました。アダムとエバが、彼らの愛する父母である神様を信じず、サタンに屈伏《くっぷく》し、堕落《だらく》したことによって、人類の歴史が始まりました。このような行為《こうい》によって彼らは偽《いつわ》りの夫婦《ふうふ》となり、偽りの父母となったのです。

人間始祖アダムとエバから始まり、このように相続されたのが、堕落の負の遺産です。それは葛藤《かっとう》と苦痛を含《ふく》んでいます。このような遺産は、神様の創造理想とは無関係です。それを御覧《ごらん》になる神様がどれほどやるせない心情だったか、想像することもできません。（一九九六・八・三〇）

2 堕落はどのように起こったか

悪魔《あくま》は本来、天使長でした。天地を創造するとき、補助役として造られた被造物《ひぞうぶつ》です。ですから、神様がアダムとエバを愛していることを知り、彼らが神様の息子《むすこ》、娘《むすめ》として造られたことを知っていました。ところが、その姿を見ながら、天使長自身が愛の減少感*を感じたのです。それだけでなく、天地のすべてのものが造られる時、自分が中心的役割を担ったのに、アダムとエバが造られてからは、それらがすべて、アダムとエバのものになっていくと思ったのです。（一九九〇・二・二一）

サタン（堕落《だらく》した天使長）が、アダムとエバに対して愛の減少感を感じ、「過分な欲望」を抱《いだ》いたことが堕落の動機になりました。サタンは、人間が造られる前から、長い間神様の愛を独占《どくせん》していました。ところが、アダムとエバが神様の愛を受けるようになると、サタンは彼《かれ》らを堕落させ、神様の愛を独占しようとしたのです。（一九六九・一・一）

聖書には、善悪の実を取って食べたと書かれています。また、「口にはいるものは人を汚《けが》すことはない」（マタイ一五・一一）ともあります。善悪の実を取って食べるなら、目で見て、その次に手で触《さわ》って、口に入れなければなりません。

ところが、善悪の実を取って食べた後、どうしましたか。口や手、目を隠《かく》すのではなく、下部を覆《おお》ったのです。全く関係がない部分を覆ったというのです。天使と姦淫《かんいん》＊をしたという事実と、エバが下部を覆ったという問題を見るとき、私たちはここに共通した内容があると考えざるを得ません。

エバは善悪の実を取って食べてから恥《は》ずかしいことを悟《さと》り、アダムに善悪の実を取って食べるよう強要しました。エバは天使と不倫《ふりん》の性関係を結んだ結果、自分の本当の夫は天使ではなく、アダムであることを知ったのです。神様のみ前に帰らなければならないのですが、恐《おそ》ろしいので、自分がとどまることのできる場所を探すためにアダムを誘《さそ》い出したのです。そうしてアダムとエバの二人が関係を結び、二人とも下部を覆って隠れました。覆ったというのは、結局、恥ずかしい所ができた

＊愛の減少感：自分に向けられている愛の量が、実際には変わらないのにもかかわらず、他の人と比較《ひかく》することで、あたかも減ってしまったかのように感じること。
＊姦淫：本来あるべきではない性的関係を持つこと。

ということです。すなわち、神様に見せることのできない過《あやま》ちを犯《おか》したということです。（一九七二・二・二一）

堕落《だらく》したエバはアダムに対して、「善悪の実を取って食べなさい、取って食べなさい」と言いました。それはどういうことですか。「愛し合おう、愛し合おう」ということです。それでは、神様の「取って食べてはいけない」という戒《いまし》めを知っているアダムは、エバが「取って食べなさい」と言ってきた時に何と言ったでしょうか。「ああ、それはいけない！」と言ったのですが、そう言いながらも取って食べてしまったのです。

エバは目を見開いて、「取って食べなさい」と迫《せま》りました。アダムは「嫌《いや》だ、嫌だ」と言ったのですが、エバがすがりついて哀願《あいがん》してくるので、見るに見かねてしかたなく、「好きなようにしなさい」と言ってしまったのです。アダムは「嫌だ」と言い、エバは「食べましょう」と言い合いながら、争いが起こったのです。そこから争いの種を受けたので、その血統を受け継《つ》いだ子孫たちも、争いを起こさざるを得ません。それが、心と体が争うようになった動機、起源です。偽《いつわ》りの父母を中心として、偽りの愛によって、偽りの生命、偽りの血統、偽りの良心を受け継いだのが、今日《こんにち》の堕落した人類なのです。（一九九四・一一・二〇）

3　神様のことを思えば堕落できない

アダムとエバの前に置かれた責任分担は、一度誤れば億千万年の間、人間にとって障害となる恐《おそ》ろしい落とし穴になります。このような責任分担を果たすべき立場にいるアダムとエバなので、神様はサタンの攻撃《こうげき》があることを予想し、「取って食べてはいけない」と警告したのです。

それにもかかわらず善悪の実を取って食べたので、それを見つめる神様の心はどうだったでしょうか。そのような立場から外れていく瞬間《しゅんかん》にも、神様は、「お前だ

けはそうしないだろう」と信じたかったでしょう。（一九六九・六・九）

アダムとエバの一度の失敗（堕落《だらく》）を復帰するのに何万年かかったか、考えてみてください。数多くの人が犠牲《ぎせい》を払《はら》いながら苦労したのに、ここでまたそのようなことをするのですか。知らないときであれば分かりませんが、知ったのちには、そのようなまねはできないのです。

アダムとエバの一日の失敗によって、どれほど被害《ひがい》を受けたかが分かり、自分自身がどれほど致命的《ちめい》な損害を受けるかが分かれば、そのような行動はできません。それが分からないので、「どのようにして（誘惑《ゆうわく》に）勝てるのか」などという言葉が出てくるのです。（一九七三・五・一二）

統一教会に入れば、恋愛《れんあい》はできないようになっています。堕落とは、神様を抜《ぬ》きにして、人間が自分たち同士で愛し合ったことです。自分たちだけで愛し合ったのです。今日《こんにち》の世界は自由な社会なので、「結婚《けっこん》は自分たち同士でしなければならない」と言いますが、そうではありません。エデンの園《その》でアダムとエバが堕落しなかったならば、彼《かれ》らは神様の立ち会いのもとで結婚式をしたはずです。主礼は神様が務めるのです。

アダムとエバは、幼い頃《ころ》はよく分からずに、兄妹《きょうだい》のように過ごしましたが、成長すれば、自分たちが相対《そうたい》的関係にあることが分かります。思春期に入るようになるのです。女性を見ても、男性を見ても、時が満ちているのが分かります。男性は顔に髭《ひげ》が生えるのを見れば分かり、女性も外形を見れば分かるようになっています。時になれば、自然に神様が夫婦《ふうふ》の契《ちぎ》りを結ばせてくださるのです。それは、神様の立ち会いのもとで行われます。愛の主人は、アダムでもなく、エバでもありません。愛の主人は自分ではなく、神様なのです。（一九七一・二・一九）

もしエバが、自分に迫《せま》ってきた誘惑の手を正しく分別していれば、堕落していなかったでしょう。神様のみ言《ことば》を中心として、命懸《いのちが》けで最後までサタンと闘《たたか》っていったなら、エバは堕落《だらく》しなかったというのです。ところが、時ならぬ時に時のものを願う不倫《ふりん》なる欲望を持つことによって、堕落してしまったのです。(一九五七・一一・一)

アダムとエバが堕落する前、神様に先に尋《たず》ねていたならば堕落しなかったでしょう。「天使長がこれこれこのように言うのですが、どうしましょうか」と尋ねなければなりませんでした。そのようにしていれば、神様が答えたはずです。この尋ねてみることが、五パーセントの責任分担です。尋ねてみるのは自由です。しかし、尋ねてみずに横的関係を結んでしまったのです。尋ねずに行動したので、問題が起こったのです。いつもそうです。

皆《みな》さんは、自分の五パーセントの責任分担を果たす自信がありますか。ないのに騒《さわ》ぎ立てる、ありとあらゆる人たちが大勢いるのです。(一九七〇・八・一六)

神様のみ前に立っていたアダムとエバが、神様の内情を探《さぐ》ることができていれば、堕落しようにも堕落できなかったはずです。父母は父母として、子女に対して愛の心を持っているのに、子女は父母の深い心情までは分からなかったというのです。もちろん、幼くて堕落したのですが、年齢《ねんれい》の幼さが堕落の動機になったのではなく、心情が及《およ》ばずして堕落したのです。「あの方は私のためにいる。あの方は私と共にいる。あの方は私と一つである。あの方は永遠に、私と離《はな》れようにも離れることができない」と言いながら、神様が一切《いっさい》の問題に関係していることをアダムとエバが感じることができていれば、彼《かれ》らは堕落できなかったでしょう。

結局、心情の一致点《いっちてん》を持つことができず、神様の願いと自分たちの願いが食《く》い違《ちが》い、自分の考える方向が神様の考えるものと違ったというのです。そうすることがそれほど大きな問題になるとは分からず、それが生命の死活問題に関わることを骨《こつ》肉《にく》にしみるほど感じることができずに、堕落したのです。（一九七二・一一・一九）

ワークシート⑤

1 み言をもとに、(　)に記入してみよう

Q1 堕落《だらく》とは、神様の祝福の中で挙げるべき（①　　　　）を、サタンを中心として挙げたことです。サタンを（②　　　　）とすることで、人類は偽《いつわ》りの愛、偽りの生命、偽りの血統を受け継《つ》ぐようになりました。

Q2 天使長が、アダムとエバに対して（①　　　　）を感じ、「過分な欲望」を抱《いだ》いたことが堕落の動機になりました。アダムとエバを堕落させ、神様の愛を（②　　　　）しようとしたのです。

Q3 アダムとエバが神様の（①　　　　）を知っていれば、堕落できなかったはずです。また、彼《かれ》らにとっては、まず神様に尋《たず》ねてみることが、五パーセントの（②　　　　）でした。

※答えは126ページ

2 みんなで話し合ってみよう

・愛の減少感を感じたことがあれば、共有してみましょう。

・誘惑《ゆうわく》を受けたとき、アダムとエバはどうすれば良かったのでしょうか。

【ワークシート④の答え】

Q1 ①世界愛 ②足りない　Q2 ①思春期 ②横的 ③縦的　Q3 ①神様 ②原理 ③神様

第六章

宇宙主管を願う前に自己主管を完成せよ

私たちの周りを見れば、誘惑《ゆうわく》がたくさんあります。多くの人が心配し、見守ってくれていますが、他の人の生活を一日中監視《かんし》できる人なんて、どこにもいません。結局のところ、最終的に自分を守れるのは、自分しかいないのです。神様はそのために、私たち一人ひとりにあるプレゼントを下さいました。

この章ではまず、自分を正しくコントロールすること、男女間で気をつけるべきことなどを学んでいきます。これらのみ言《ことば》を基《もと》に、普段の生活を見直してみましょう。

＊『幸せをもたらす真実の愛を学ぶ二世純潔講座』第六章「環境圏の誘惑と分立――男女間のルールと注意点」も参照しましょう。

1 心を強くし、体を主管する

習慣性を打破することは、とても大変です。今まで皆《みな》さんはサタン世界で、自分を中心とした習慣性を持って生きてきましたが、その習慣性が凝《こ》り固まっているのです。そのように凝り固まってしまった習慣性は、韓国人《かんこくじん》がキムチ、味噌《みそ》、コチュジャンを食べる習慣性よりも、もっとひどいのです。これは歴史性を持っています。悪魔《あくま》が出発したその日から根を張った習慣性を持っているわけです。これをどのようにして抜《ぬ》くのでしょうか。深刻な問題です。天国に行くには、神様を中心とする習慣性を持たなければなりません。（一九九一・一・一三）

人間には、善の要素もあり、悪の要素もあります。これが問題です。「私」という一個体を見れば心があり、体があります。しかし、この心と体がいつも仲良くしていないのです。心は「このように行きなさい」と言うのに、体はいつも、心が行こうとする方向にブレーキをかけます。「そっちに行かないで、こっちに行きましょう」と言うのです。そのため、今まで歴史上の多くの預言者や烈士《れっし》*たちは、心と体をどのように調整するかという問題で悩《なや》んだのです。（一九七一・一・八）

皆《みな》さんは、常に「私」という存在が善悪の母体であることを考えなければなりません。先生も皆さんのような年齢《ねんれい》の時、このような内容で苦闘《くとう》したのです。それで先生が立てた標語が、「宇宙主管を願う前に自己主管を完成せよ」です。これが信仰《しんこう》生活における第一条です。このような面で、自己を完成し、主管できるようになるとき、すなわち、自分の体を制御《せいぎょ》し、克服《こくふく》できる自主性を持つようになるとき、心と体の争いがなくなるのです。（一九七〇・一二・一三）

主体と対象である心と体が、一つにならなければなりません。私が修養を積みながら、最も苦労したことがそれです。心と体は、簡単に一つにはなりません。一番の問題は眠《ねむ》ることと、そして食べることです。おなかがすけば、精神が乱れます。眠《ねむ》気《け》に襲《おそ》われれば、目が言うことを聞きません。その次には、男性として、女性に対する問題です。これが三大怨讐《おんしゅう》です。

この問題をすべて清算し、きれいにしなければ、天の国に行けません。そのような問題にぶつかるので、「宇宙主管を願う前に自己主管を完成せよ」という標語を立てたのです。私がいくら天下を牛耳《ぎゅうじ》り、統一すると言っても、自分自体の統一を果たせなければ、すべてが一時《いっとき》に崩《くず》れるのです。（一九九二・七・三）

人の心と体を統一する方法は二つしかありません。一番目は、この体を粉々《こなごな》にして占領《せんりょう》する方法であり、二番目は、体を打たないで統一する方法です。強制で体を

＊烈士：国のために忠義を尽《つ》くして闘《たたか》った人。

主管する方法はよくありません。それでは、どのようにしなければならないのでしょうか。今まで心は、体と対等に闘《たたか》うことが一度もできずに、いつも負けてきました。それは心の力が弱いからです。

この心に注射を打ち、力を二倍から三倍に増やせばどうなると思いますか。そうすれば、体を引っ張っていくことぐらいは問題にならないはずです。つかんで引っ張っていくことができるのです。自動車のタイヤに空気を強く吹《ふ》き込《こ》めば大きく膨《ふく》らむように、心にも強く力を加えれば、どのようになるでしょうか。力が強くなります。その後、心と体が闘えば、どちらが勝つでしょうか。このように、容赦《ようしゃ》なく体を打って占領《せんりょう》する方法と、心に力を加える方法の二つがあるのです。(一九六七・八・二三)

神様は、宗教を通じて真《まこと》の愛の力を心に与《あた》え、偽《いつわ》りの愛で一つになった体を絶対に屈伏《くっぷく》させようとされるのです。心身が真の愛によって統一されてこそ、神様がい

らっしゃるところに帰っていくのです。（一九九四・三・二七）

指導者は、「宇宙主管を願う前に自己主管を完成せよ」ということを常に念頭に置いて生活しなければなりません。二世たちを集めた場でも、これを中心として特別教育をしました。若い時には血気によって判断が曇《くも》りやすいのです。ですから、お父様もこのみ旨《むね》の道を歩んでこられる中で、体を打つ祈《いの》りの精誠《せいせい》*をたくさん捧《ささ》げられました。十数時間、汗《あせ》を流しながら祈りの精誠を捧げたというみ言《ことば》を、皆《みな》さんは聞いたことがあると思います。

その上、お父様は火のような性格の方なので、不義を見ては我慢《がまん》ができないのです。しかし、サタン世界を屈伏させるために耐《た》えてこられました。そのような忍耐《にんたい》が必要です。精誠が必要です。そのためには、自分自身を修《おさ》めることができなければ

＊精誠：元は韓国語《かんこくご》の言葉で、「まごころ」を意味する。祈りなどの宗教的な行為《こうい》を指すこともある。

ばなりません。(真《まこと》のお母様、日本・東京、二〇一三・一〇・一五)

2 男女間で気をつけること

修行《しゅぎょう》をしている人々《ひとびと》は、霊界《れいかい》に通じるようになるために、多くの精誠《せいせい》を尽《つ》くします。ところが、男性がその道を最後まで行くと、女性が妨害《ぼうがい》してきます。美女が現れて、惑《まど》わすのです。これがサタンの武器です。また、女性が精誠を尽くしていくと、美男子が現れて惑わすのです。

悪魔《あくま》が天地を破壊《はかい》した動機を超《こ》えて、新しい根本を探し求め、神様の本性《ほんせい》的世界に触《ふ》れようとするので、悪魔、サタンがこれを妨害するために、男性の前に一番の女性を連れてくるのです。世の中の男性で、美人を連れてこられて、その色仕掛《いろじか》けに引っ掛《か》からない人はいません。また、いくら道を修《おさ》めた立派な女性でも、体格の良い、天下に誇《ほこ》る美男子を見れば、我知らず、目よりも先に手が動くのです。じっとしていても体が先に行くのです。愛の引力、プラスとマイナスが引き合う引力によって、そうなるのです。（一九九〇・一一・三〇）

女性の皆《みな》さんは今、愛を思いどおりにできるようになっていますか、できないようになっていますか。街で男が声をかけてきたからといって、ついていくようにはなっていません。皆さんは時が来るまで、自分の身をよく保護しなければなりません。純情を、得体の知れない男に任せてはいけないというのです。街で偉《えら》そうに振《ふ》る舞《ま》い、ふらふら歩き回る男たちはみな、得体が知れない者たちです。自分の運命をそのような男性に任せますか。簡単な問題ではありません。一生に一度しかないので、一歩間違《まちが》って踏《ふ》み出せば、自分の一生が左右されるのです。

これは男性もそうだというのです。ですから、今までは女性に貞操《ていそう》を守りなさいと言いましたが、これからは男性も貞操を守らなければなりません。いくら世の中が不道徳で、冷たいとしても、皆さんは行くべき正常な道から外れる行動をしては

いけないのです。（一九六九・一〇・二五）

西欧文明圏《せいおうぶんめいけん》では、小学校の時から性教育をしますが、それは良くありません。それは、自然に分かるようにしなければなりません。アダムとエバに対して神様が性教育をしましたか。かえって、知らないのが良いのです。分かるような年齢《ねんれい》になれば、それが恐《おそ》ろしいことを教えてあげなければなりません。そして、どれほど貴《とうと》いものかを教えてあげなければなりません。

先生の時代は、男女共学ですらありませんでした。ところが近頃《ちかごろ》の子供たちは、体を接触《せっしょく》させながら踊《おど》っています。ですから私たちは、そのような（ことを正しく教える）教育機関をつくらなければなりません。

これは、恐ろしいものの中で最も恐ろしいものです。殺人罪よりもっと恐ろしいのです。殺人は一人を殺すことですが、これは数千代の子孫を滅《ほろ》ぼすのです。何人、何百人、何千人が犠牲《ぎせい》になるのです。今後、この問題は殺人よりもっと恐ろしい罪であることを教えなければなりません。これからは、そのようなことを考えることもできないように、教育しなければならないのです。（一九七三・五・一二）

女性にとっては男性が、男性にとっては女性が一番恐ろしいのです。ですから、近くに行ってはいけません。前から女性が来れば、避《さ》けていきなさいというのです。最近は、未婚《みこん》の女性や男性たちが木の下に座《すわ》って話をしているのを目にしますが、そのようにしてはいけません。

話をするなら、必ず三人以上で集まってしなさいというのです。三人なら大丈夫《だいじょうぶ》です。天使長とエバは、二人で会ったから堕落《だらく》したのです。アダムを呼んでおいて話をしたら、堕落したでしょうか。そして、アダムとエバも二人で会って話をしたから堕落したのであって、神様を迎《むか》えておいて話をしていたなら、堕落したでしょうか。会おうとするなら、三人以上で一緒《いっしょ》に会いなさいというのです。

これは、強引《ごういん》に従わせようとしているのではありません。そのように誤ることがいくらでもあるので、それを防ごうというのです。そのためには、アダムとエバが堕落《だらく》できない立場を取るのが原理的です。間違《まちが》うことを防ぎ、それを清算するためのものが、私たちのみ旨《むね》です。ですから、三人以上で会いなさいというのです。（一九七三・五・一二）

伝道するときも、女性は一人でしてはいけません。杖《つえ》を引きずって歩くおばあさん、おじいさんでもよいので、一緒《いっしょ》に回りなさいというのです。あるいは、小学生でもよいので、一人は連れて回りなさいというのです。伝道してはいけないというのではありません。危険なので、そのように言うのです。堕落する可能性があるので、それを互《たが》いに防ごうというのです。三人いれば大丈夫《だいじょうぶ》です。それが愛です。いくら責任者だとしても、そのようにしなければなりません。（一九七三・五・一二）

カウンセリングをするときなどは、ドアを開けておくとかして、誰《だれ》かが見られるようにしなければなりません。誰の目にも触《ふ》れない他の所に行くとか、木の下に行って話をしたらいけないのです。他の食口《シック》*が見ている所で話をしなさいというのです。六千年間、人類を滅《ほろ》ぼし、神様を苦労させ、天地を滅亡《めつぼう》させた凶悪《きょうあく》なことを、私たちが繰《く》り返すことができますか。（一九七三・五・一二）

男性と女性さえいれば、堕落する可能性があります。なぜ、ガソリンがある所にマッチを持って入っていったり、ガソリン缶《かん》の横でたばこを吸ったりするのかというのです。一度誤れば、すべて壊《こわ》れていくのです。永遠に逃《のが》れることができません。「原理」を知れば、逃れることができないのです。「原理はこうなっている」と言えば、それがきちんと体系的になっているので、一度《いちど》引っ掛《か》かると、そこから抜《ぬ》け出したり、否認《ひにん》したりできる何の根拠《こんきょ》もありません。（一九七三・五・二〇）

＊食口：韓国語《かんこくご》の元の意味は「同じ家に住み、食事を一緒《いっしょ》にする人」（家族）で、ここでは教会員のこと。

「貞操《ていそう》」という言葉があります。韓国《かんこく》では、貞操のある女性を何と表現しますか。「春香《チュニャン》」＊です。韓国は、貞操のある礼儀《れいぎ》の国です。妻を中心としては「春香」です。孝女《こうじょ》を中心としては「沈清《シムチョン》」＊です。女性たちは、沈清以上にならなければならず、春香以上にならなければなりません。卞《ピョン》地方長官が「寝室《しんしつ》に来《き》なさい」と言っても、その言葉を聞くことはできないのです。命をずたずたに切り裂《さ》かれても、それはできません。愛のために生まれた命なので、悪い愛によって犠牲《ぎせい》になったとしても、結局は、光り輝《かがや》く愛として復活するのです。（一九九七・四・七）

神様がすべてのものを投入して、心を尽《つ》くし、精誠《せいせい》を込《こ》めて造ったのが、皆《みな》さんの最も重要な生殖器《せいしょくき》です。それは、悪いものではありません。堕落《だらく》して神様の世界を破壊《はかい》するものとして使われたので、悪いというのです。そこから人間の幸福が連結されます。そこから人間の歴史が連結されます。それは本来、神聖なものです。

聖書に、「至聖所《しせいじょ》」という言葉があります。人間としての至聖所はどこでしょうか。体は聖殿《せいでん》であり、皆さんのそれが至聖所です。それを犯《おか》す人は、天罰《てんばつ》を受けます。一族が引っ掛《か》かります。この基盤《きばん》を築くために、先生がどれほど苦労したか分かりません。愛の十字架《じゅうじか》を背負わなければならないのです。引きずられていきながら、涙《なみだ》の峠《とうげ》を越《こ》え、むちを打たれて血まみれになる十字架の峠を越えて、その恨《ハン》の洞窟《どうくつ》を埋《う》めるための苦労をどれほどしたか分かりません。女性は男性に、男性は女性に、近づくなというのです。そのような深刻な過程を通過しなければ、純潔な血統に戻《もど》っていくことはできないのです。（一九八八・一〇・二九）

＊**春香**：韓国の古典小説『春香伝』の女性主人公。時の権力者（卞地方長官）から迫害《はくがい》を受けながらも屈《くっ》せず、将来を誓《ちか》い合った男性との約束を守った。貞操を守る女性の象徴《しょうちょう》と捉《とら》えられている。

＊**沈清**：韓国の古典小説『沈清伝』の女性主人公。父親の目を治すために、自らを捧《ささ》げたことから、孝行者の象徴として捉えられている。

3 良心革命を起こそう

人には、絶えず作用している良心があります。皆《みな》さんが深い眠《ねむ》りについていても、そこから目を覚まし、良くないことをしようとすれば、心はいつも番人のように、「おい、こら！」と言います。その良心作用があることを否定できません。

良心を持った人間は、結果的な存在です。結果的な存在が絶えず良心作用を起こしているという事実を中心として考えてみるとき、作用をするには必ず主体と対象の関係がなければならないので、何らかの主体を公認《こうにん》せざるを得ません。（一九七二・二・一九）

良心は、自分のすることで知らないことがありません。すべて知っています。良心は、体が悪いことをしようとするとき、いつも反対します。体が自分勝手《かって》に心を引っ張り回すのは、堕落《だらく》した愛の力が、堕落する時の良心の力よりも強いからです。しかし、人間が良心を中心として完成圏《けん》に到達《とうたつ》し、神様と真《まこと》の愛の関係を結んだなら、いかなることも問題になりません。（一九九四・三・二七）

良心は第二の神様です。第一の神様がプラスであり、心はマイナスです。その心が、第二の神様です。第二の神様は常に「私」と共にいます。良心の深い所、愛と生命と血統の深い所で、自分と関係を結んでいるのです。すべてのものを整理して収拾《しゅうしゅう》し、取り除いて、「私」をしきりに高い場所に導くのです。ですから、本然の良心は絶えず上がっていきます。その力が肉身を主管するのです。これがプラスとマイナスとして一つになり、自動的に統一され、完成します。「私」の良心は第二の神様であり、この強い力がいつでも一つの中心として、すべてを主管するのです。（一九九四・二・一三）

ある人を見れば、その人がどんな人かを、心は直ちに分かるのです。一番近い先生は自分の心です。ですからその心を苦しめたり、悲しませてはいけないというのです。それは先生を悲しませることであり、天宙の主人を悲しませることです。心が「私」の一生の主人です。ですから心を悲しませるのは、自分の一生の主人を悲しませることなのです。心が喜べる道を行かなければなりません。（一九八四・七・一〇）

いくら体の欲望が強くても、「原理」の教えに従って、意図的に良心のほうにより大きな力を与《あた》えるようになれば、肉身も従ってこざるを得ないのです。それができなければ、断食《だんじき》や禁欲などを通して体を打たなければなりません。泥水《どろみず》になってしまった池も、澄《す》んだ水が流れるようにし続ければ、やがて澄んだ池になるのです。

これ以上、皆《みな》さんの心を悲しませてはいけません。良心の忠告に逆らって心を悲しませれば、皆さんの父母はもちろん、師と神様までも悲しませてしまうのです。良心と一緒《いっしょ》に楽しむ時間をたくさん持たなければなりません。世間的な目で見れば、孤独《こどく》で寂《さび》しい立場になったとしても、良心と不可分の関係を結び、最も親しい友人になりなさいということです。自分の心と体の和合統一はもちろん、新しい天下が目の前に広がる、そのような世界を発見するでしょう。（二〇〇四・一〇・二六）

どのような場合でも、皆さんの心と体を統一して暮らさなければなりません。私もいち早く天の道を決心しながら、「宇宙主管を願う前に自己主管を完成せよ！」という標語を掲《かか》げ、悲壮《ひそう》な覚悟《かくご》で出発しました。

天は既《すで》に、皆さんがこの目的を達成する道案内として、良心を下さいました。良心は、皆さんの師よりも先に、皆さんについて隅《すみ》から隅まで知っています。皆さんの一挙手一投足はもちろん、考えまでもすべて見通しているのです。また、良心は皆さんの父母よりも、皆さんについて分かっています。さらに皆さんの良心は、神様よりも皆さんをよく分かっています。

したがって、皆さんの人生の中で、良心を神様の代わりの位置に立て、影《かげ》のない正午定着《しょうご》*の姿で絶対服従の道を行けば、皆さんは間違《まちが》いなく心と体の共鳴圏《けん》を形成し、統一を完成するでしょう。(二〇〇六・六・一三)

良心革命は、良心の声に絶対服従するという内的な革命です。皆《みな》さんの中で今も、善を指向する良心の命令と肉身の欲望を追い求める肉心の誘惑《ゆうわく》が、絶えず葛藤《かっとう》を続けています。そのような恥《は》ずかしい内面の闘《たたか》いを終わらせるためには、良心の位置と作用をはっきりと知らなければなりません。

良心は、皆さんの一挙手一投足、さらには皆さんの思いまでも、一点一画の加減なく把握《はあく》しています。皆さんの師よりも先に分かります。皆さんの父母よりも先に分かります。神様よりも先に分かるのです。

このような良心の命令に逆らえば、どのような結果を招くでしょうか。皆さん自身が呵責《かしゃく》を受けるのです。皆さんの霊人体《れいじんたい》にほこりがかかり、垢《あか》がつき、傷がつくのです。その傷は、永遠に消すことができず、そのまま霊界《れいかい》に抱《かか》えていかなければならない恐《おそ》ろしい荷物となります。したがって革命的な次元で、自身の肉心を抑《おさ》え、良心に案内されて神様のみ前に進むその日まで、傷がなく澄《す》んだ、きれいな霊人体を大切にしなさいというのです。（二〇〇四・一〇・二六）

＊**正午定着**：太陽が頭の真上に来れば影《かげ》がなくなるように、主体（心）と対象（体）が完全に一つになり、影のない状態になること。

ワークシート⑥

1 み言をもとに、(　)に記入してみよう

Q1 主体と対象である（①　　　　　）と（②　　　　　）が、一つにならなければなりません。心身が（③　　　　　）で統一されてこそ、神様のもとに行くことができます。

Q2 女性にとっては（①　　　　　）が、男性にとっては（②　　　　　）が一番恐《おそ》ろしいのです。男女が二人だけでいれば、（③　　　　　）する可能性があります。話をするなら、（④　　　　　）以上で集まってするのです。

Q3 良心は第二の（①　　　　　）です。父母、（②　　　　　）、神様よりも、自分のことをよく知っています。良心を神様の代わりの位置に立て、影《かげ》のない（③　　　　　）の姿で歩むのです。

※ 答えは 149 ページ

2 みんなで話し合ってみよう

・直したいけれどなかなか直せない習慣を挙げてみましょう。

・良心の声に従うことができた経験があれば、共有してみましょう。

【ワークシート⑤の答え】

Q1 ①結婚式 ②父母 **Q2** ①愛の減少感 ②独占 **Q3** ①内情 ②責任分担

第七章

天のピュア・ウォーターとして

「祝福の子女は、特別なのよ」という言葉を聞いたことがある人もいると思います。そんなとき、どんなふうに感じたでしょうか。「具体的に、何が特別なの?」と思ったり、いまいちピンとこなかったという人もいるかもしれません。しかし、自分の価値は、自分だけでは分からないものです。

最後の章では、「私」の価値について学びます。神様、真《まこと》の父母様から見たとき、私たちはどのように映るのでしょうか。「私たちに対する神様、真の父母様の願いは何か」を考えながら読んでみましょう。

＊『幸せをもたらす真実の愛を学ぶ二世純潔講座』第七章「新しい純潔の文化——青少年文化の革命」も参照しましょう。

1 「私」は天のピュア・ウォーター

皆《みな》さんは祝福二世ですか？　あなたたちを誕生させたのは誰《だれ》ですか？　(「真の父母様です」)。真の父母の孝子《こうし》、孝女《こうじょ》とならなければならないでしょう？　そのようになろうとすれば、父母の心情と一つになることができなければなりません。朝起きて、目を開くとき、一番先に考えるべきことは、「天の父母様（神様）、ありがとうございます。きょう一日を出発するに当たって、天が御覧《ごらん》になるとき、真の父母様の愛を受けられる私となるように努力します」です。そのように生活を始めなければなりません。(真のお母様、韓国《かんこく》・清平《チョンピョン》、二〇一七・八・三)

真の父母がすべてを蕩滅《とうげん》し、祝福家庭が誕生しました。あなたたちは祝福家庭の二世として生まれました。堕落《だらく》世界の二世とは何が違《ちが》うのですか。血統が違うのです。それを知らなければなりません。

堕落《だらく》した世界が泥水《どろみず》だとしたら、皆《みな》さんは澄《す》んだ水として生まれました。ピュア・ウォーター（純水）です。どれほど驚《おどろ》くべきことであり、感謝すべきことでしょうか。いくら賛美を捧《ささ》げても足りません。皆さんが肝《きも》に銘《めい》じなければならないことは、歴史始まって以来、初めて澄んだ水として生まれた二世として、環境《かんきょう》が難しいからといって、再び泥水に戻《もど》ってはいけないということです。

あなたたちがいるべき場所は、真《まこと》の父母の愛の圏内《けんない》です。真の父母から離《はな》れては、昔のアダムとエバが、堕落して（悪の）世の中に出ていったのと変わりません。ましてや、今日《こんにち》あなたたちは、真の父母と同じ時代を、共に息を吸いながら生きているのです。多くの人たちが新しい生命を得られるようにし、彼《かれ》らを育てなければなりません。そのような責任が、あなたたちにあるのです。

伝道をしなければなりません。七十億の人類の真の父母です。真の父母によって、初めて祝福を受けて誕生した二世が、どれほど精誠と努力と苦労を捧げ、真の父母の前に孝子《こうし》、忠臣《ちゅうしん》になるでしょうか。歴史に皆さんの名前が残り得る時だというのです。（真のお母様、アメリカ・ラスベガス、二〇一四・一二・二〇）

皆さんは今日の世の中において、それこそ、宝石のような存在です。そのような自負心と誇《ほこ》りがありますか？

なぜかと言えば、皆さんは真の父母の息子《むすこ》、娘《むすめ》だからです。ですから、どのような姿であったとしても、皆さんは宝石なのです。宝石を嫌《いや》がる人はいません。世の中のすべての人が欲《ほ》しがり、触《さわ》りたいと思うのです。

皆さんは、その宝石の中の宝石を手にしました。それは、真の父母の息子、娘であるということです。皆さんは誰《だれ》よりも誇りを持って、自信を持って、真の父母様を証《あか》ししなければなりません。（真のお母様、アメリカ・ハワイ、二〇一四・七・二六）

アダムとエバも、成長期間において神様と一問一答しました。堕落後は、そのようにできませんでした。堕落《だらく》世界において、野生のオリーブのようだったあなたたちの両親が、真《まこと》の父母の祝福を受けて真のオリーブとなり、あなたたちを誕生させました。しかし、七十四億の人類を見るとき、世界的な環境圏《かんきょうけん》はまだまだ広いのです。ですから、あなたたちは真の父母の環境圏において一つになり、絶対信仰《しんこう》、絶対愛、絶対服従で、ただ真の父母だけを見つめて美しく成長しなければなりません。皆《みな》さんは、失敗してはいけないのです。（真のお母様、韓国《かんこく》・清平《チョンピョン》、二〇一七・八・三）

皆さんは七十九カ国から集まったと言いましたね？　言語と文化は違《ちが》いますが、皆さんは真の父母によって生まれた祝福二世です。（堕落した）世の中と関係がないピュア・ウォーターです。あなたたちによって世の中がきれいになり、明るくなり、一つにならなければなりません。あなたたちは毎日、天一国《てんいちこく》の歌を歌いながら、真の父母と一つになって生きなければなりません。

そして、それが皆さんだけの幸福で終わってはいけません。それを広げていかなければならないのです。七十四億の人類がみな、真の父母の愛、恵《めぐ》み、恩賜《おんし》を受けられるように、あなたたちが救世主となってあげなければなりません。「あなたたちがいるから、私たちの未来には希望がある！　幸福だ！」と言われなければなりません。（真のお母様、韓国・清平、二〇一七・八・三）

堕落した人類の中で、勝利した真の父母によって、あなたたちの両親は祝福を受けました。そうして誕生したあなたたちは、サタンの血統とは関係がない、真の父母の子女でしょう？　天の父母様の夢、真の父母の願い、人類の本心が望むことは、神様を中心とした人類一家族です。しかし、世の中はいまだに混沌《こんとん》と彷徨《ほうこう》の中にあり、行く先が予測できません。

特に、孝進《ヒョジン》お兄さん、興進《フンジン》お兄さんが、あなたたちのお兄さんです。真の父母と四位基台《よんいきだい》を成して、勝利したお兄さんたちです。そのお兄さんの家庭とあなたたちが一つにならなければなりません。（真のお母様、韓国・清平、二〇一七・八・一二）

神様の夢は、私たちが必ずや成し遂《と》げてさしあげなければなりません。真《まこと》の父母を中心として、成してさしあげなければなりません。その巨大《きょだい》な、天宙的な地上天国の絵を描《えが》きました。真の父母の勝利的業績によって、巨大な神様の夢を成し遂げるための絵は、九九・九九パーセント、描かれたのです。

そこに加えて、（堕落《だらく》世界の）汚《よご》れのついていないあなたたちが、〇・〇一パーセントの責任を果たせばよいのです。真の父母が描いたその絵は、パズルになっています。そのパズルを最後に完成させるピースを、あなたたちが持っているのです。

「真の父母様と共に『私』が、『私たち』が、天の父母様の夢を成してさしあげることのできる環境《かんきょう》をつくりました」と言って奉献《ほうけん》する日が、早く来るべきですか、遅《おそ》く来るべきですか？（「早く来るべきです」）。そのためには、皆《みな》さんが真の父母と一つにならなければなりません。（真のお母様、韓国《かんこく》・清平《チョンピョン》、二〇一七・八・二二）

あなたたちは、絶対信仰《しんこう》、絶対愛、絶対服従をし、絶対純潔を守らなければなりません。真の父母の祝福を受ける位置に出ていく時まで、皆さんは絶対純潔を守るのです。人類の願い、真の父母の願い、天の父母様の夢を成してさしあげるあなたたちは、真の父母の誇《ほこ》り高い孝子《こうし》、孝女《こうじょ》、忠臣《ちゅうしん》です！　そのような責任を果たす位置まで行くために、まだ成長期間にいるあなたたちは、勉強もよくしなければならないでしょう。

美しく、善良に、威厳《いげん》を持って成長しなければなりません。天の父母様、真の父母様に侍《はべ》る者として、威風堂々《いふうどうどう》としていなければなりません。ですから、あなたたちは行動や言葉など、すべての面で模範《もはん》とならなければなりません。

国連の記録を見れば、二百の国（と地域）を超《こ》えているのです。早く成長して、あなたたちの国を復帰するパズルのピースを合わせなければなりません。二百を超す国々《くにぐに》の中に、真の父母を知らない国がないように、最善を尽《つ》くさなければなりません。

一人が十、百の責任を果たすことのできる環境圏《かんきょうけん》を、真の父母がつくりました。

誇《ほこ》り高い、歴史に末永く残る、真《まこと》の父母の愛を受けた真の孝子《こうし》、孝女《こうじょ》、忠臣《ちゅうしん》であるというネームバリュー（名声）を、あなたたちは得なければなりません。私はあなたたちを信じます。愛しています！（真のお母様、韓国《かんこく》・清平《チョンピョン》、二〇一七・八・二二）

2 心情文化世界を築こう

皆《みな》さんは心情を合わせもってこそ、天の勇士になることができます。心情を抜《ぬ》きにして、なることはできません。心情がなければ、人格が出てこず、心情を通じた人格が出てこなければ、心情を通じた真理も出てきません。そして、心情を通じた真理が出てこなければ、理想が出てこないのです。

皆さんの理想は何ですか。真の父母です。統一教会は、歴史が求めてきた中心である、真の父母に侍《はべ》るところです。時代が要求する中心である、真の父母に侍るところです。未来の起源となる真の父母による絆《きずな》を、「私」が相続できるのです。

したがって、「私」は歴史的な実であり、時代的な中心です。未来の起源になり、先祖になるのです。そのためには、真の父母の心情と一致《いっち》する絆を結ばなければなりません。このような心をもって祈《いの》れば、恥《は》ずかしくないのです。（一九六九・一〇・二五）

皆さんは、真の父母の心情と、神様の愛と心情を、どのように体恤《たいじゅつ》するのですか。その境地に、どのように入るかが問題です。そのためには、堕落《だらく》していないアダムとエバにならなければなりません。サタンに讒訴《ざんそ》*されてはいけません。サタン世界において、どのように解放されるのですか。サタンと闘《たたか》って、勝たなければなりません。そうするには、どれほど苦労しなければならないでしょうか。ヤコブも十回だまされ、モーセも十回だまされ、イエス・キリストもだまされました。先生も同じです。それを克服《こくふく》していかなければなりません。その時に、神様の

＊**讒訴**：他人を陥《おとしい》れることを目的として、言いつけること。その際、事実を曲げて言うことがある。

心情を知るようになるのです。真《まこと》の父母の心情を知るようになるのです。そうでなければ、絶対に分かりません。そうしなければ、サタンが離《はな》れないのです。サタンに勝利できない限り、真の父母の心情を知ることはできず、神様の心情を知ることはできません。（一九八三・三・二〇）

神様を中心とした本然の血統を受け継《つ》げば、本然の心情文化が始まります。本然の血統を失ってしまったところには、心情文化が生まれません。文化は、歴史を通して連結されるのです。家庭を中心として、社会を中心として、国家と世界を中心として、これが連結されなければなりません。純潔な血統を残すことが問題です。そうしなければ、自分たちと心情文化世界（の関係）が中断されるのです。ですから、心情文化圏《けん》を中心とした生活をしなければなりません。（一九九四・五・一九）

本然の血統は、神様を中心とした血統です。本然の血統と連結された「ために生きる生活」を通して、心情文化世界を成し遂《と》げようというのです。数千代の清い血統を残さなければなりません。男女が一瞬《いっしゅん》の間に起こした堕落《だらく》が、願わない世界を霊界《れいかい》と肉界に広げてしまったというのです。（一九九八・四・二七）

心情文化世界は、神様の本然の文化世界であり、堕落していない完成したアダム文化世界です。文化は二つではありません。一つしかありません。言語も一つであり、風習も一つであり、習慣も一つであり、伝統も一つしかない、統一の世界になるのです。そこにおいてのみ、神様が個人と共に暮らし、家庭において一緒《いっしょ》に暮らされるのです。（一九九四・五・二二）

本然の血統と連結された、心情文化世界を完成しなければなりません。アダムとエバは、神様の真の愛を中心とした、堕落していない純潔な血統関係を結ばなければならないのです。私たちは、サタンが存在せず、神様が喜べる文化圏をつくらなければなりません。心情文化世界をつくらなければなりません。真《まこと》の愛を中心として、心情文化世界の内容は一つであり、方向も一つです。二つではありません。（一九九四・一二・二二）

愛を主管できなければなりません。自分の思いどおりにしてはいけないのです。ためにに生きる生活を通して、心情文化世界をつくるというのです。心情文化世界は、神様の愛の文化世界です。根本的な文化世界を追求するのです。それは、真の愛が関係していないものがない文化世界です。（一九九九・一一・九）

「地上天国の絵を一度描《えが》いてみなさい」と言えば、どのように描きますか？　まず、心から湧《わ》き出る喜びをもって、あなたたちの体を通して、それを表現しなければならないでしょう。舞踊《ぶよう》でも表現できるし、歌でも、絵でも、表現できます。自分だけではなく、皆《みな》が共有できる世界をつくるのが真の父母の夢です。七十四億の人類を相手に、父母様だけでそれができるでしょうか？　あなたたちが、真の父母の夢を広げなければなりません。

早く、天の父母様の夢、真の父母の夢、あなたたちの夢をかなえた、地上天国をつくらなければなりません。そうなるまでには、多くの壁《かべ》があります。しかし、私がいる限り、また、あなたたちがいる限り、できます。

あなたたちはまだ成長過程にあるので、勉強もしなければならず、多くの経験もしなければなりません。そのような立場にいるので、夢を大きく広げなさいと言いました。天一国の安着を、（天が）私たちに祝福してくださいました。これが地上天国です。（真のお母様、韓国《かんこく》・清平《チョンピョン》、二〇一七・一・六）

3 真の父母様と共に成す人類一家族世界

春は希望の季節です。私たちの夢を大きく育《はぐく》むことのできる貴重な季節です。しかし、この美しい季節に、この国と世界から聞こえてくるのは、あまりにも悲惨《ひさん》なニュースばかりです。世界はまるで、航海士と船長がおらず、羅針盤《らしんばん》もない船に乗っているかのような状態です。いつ、どのようにして波や風にあおられ、暗礁《あんしょう》に出くわして沈《しず》むか分からない、不安な状態です。

このような状況《じょうきょう》を見るとき、全世界の統一家の勇士が立ち上がらなければならないと思うのです。いつまでも傍観《ぼうかん》し、待っていることはできません。私たちに与《あた》えられた祝福が、私たちだけのものになってはいけません。天の父母様と真《まこと》の父母が役事していることを、孤児《こじ》のような世界の人々《ひとびと》に気づかせなければならないのです。

真の父母を堂々《どうどう》と宣布しなければならず、真の父母によってこの国と世界に希望がもたらされることを、証《あか》ししなければなりません。そうしてこそ、人類に新しい春が訪《おとず》れるのです。今や世界のすべての食口《シック》は、実を刈《か》り入れるその日に向かって、立ち上がらなければなりません。（真のお母様、韓国《かんこく》・清平《チョンピョン》、二〇一四・五・一二）

今日《こんにち》、多くの人が「世界は一つにならなければならない」と言います。平和な世界、幸福の世界が訪れることを望んでいます。宗教的な言葉でいえば、「地上天国をつくらなければならない」「理想世界を建設しなければならない」と言っています。しかし、いくら世界がそのようになることを望み、努力するとしても、それができる基盤《きばん》はどこかというと、家庭なのです。ですから、家庭から理想を謳歌《おうか》し、家庭から平和をつくり、家庭から愛と幸福の歌を歌うことのできる基盤を世界的に備えない限り、いくら理想世界、あるいは地上天国を夢見たとしても、その世界は到《とう》来《らい》しないのです。（一九六八・五・一〇）

到来する未来の世界は、神様と人間と万物《ばんぶつ》が調和した新しい心情文化、真の家庭による愛の文化の世界です。真の愛によって互《たが》いのために生きながら、和合し、協力し、共に暮らす共生《きょうせい》・共栄《きょうえい》・共義《きょうぎ》*の世界です。未来の歴史は、「人類はみな兄弟姉妹《しまい》」であることを願う若者たちが、人種を超《こ》えた真の愛による真の家庭理想、真の父母を中心とした真の家族理想をもって、「世界一家族」の夢を実現する歴史にならなければなりません。（一九九七・一一・二七）

兄弟間の争いは、父母の気持ちが分からず、父母の深い心情をよく推《お》し量《はか》ることができないために起きるのです。真の愛を中心として心情関係を結んでこそ、父母の気持ちが分かるようになり、真の父母と一心、一体、一念、一和を成すようになります。考えと感情と言葉と行動が一つになって現れるのです。そうして、真の父母に似た真の子女の生活をすれば、相手と自分が別々《べつべつ》ではなく、一つの血統であり、同じ兄弟姉妹《しまい》であることを感じるようになるでしょう。

誰《だれ》もが願う幸福な人生と平和な世界を、私たちは築くことができます。隣人《りんじん》を自分の体のように愛し、怨讐《おんしゅう》までも赦《ゆる》しながら、世界平和のために一つにならなければなりません。天の父母様に侍《はべ》る一つの世界、人類が同じ兄弟姉妹として大家族になるその日まで、力強く、勇ましく進まなければなりません。（真のお母様、韓国《かんこく》・

清平《チョンピョン》、二〇一四・八・一二）

真の父母を知らなければなりません。世界のすべての難問題、また、日本の問題を解決するためには、父母に侍らなければなりません。絶対権限を持たれた神様、創造主、天の父母様に侍る運動が、まさに統一教会、家庭連合の運動です。

世界の万民《ばんみん》が「神様のもとの人類一家族」となる夢を実現するために、エバ国家である日本の皆《みな》さんが、母として世界の人類を教育し、彼《かれ》らを兄弟として束ねていくために総力を挙げなければなりません。

きょう、「母の日」を迎《むか》えるに当たって、母親のような思いで世界を抱《いだ》く皆さんにならなければなりません。そのために、きょう集まった皆《みな》さんがまず先頭に立っ

＊共生《きょうせい》・共栄《きょうえい》・共義《きょうぎ》：真の父母様の「神主義」の思想を経済、政治、倫理《りんり》の側面から捉《とら》えた概念《がいねん》。天の父母様と真の父母様を中心に、共に生き、共に栄え、共に義を立てること。

て、偉大《いだい》で歴史的な主役となるよう、切にお願いします。一億三千万にもなる日本の全国民が、ために生きる、真《まこと》の愛を実践《じっせん》する姿をもって、世界を抱《いだ》く母の国になることを、お祈《いの》りいたします。（真のお母様、日本・東京、二〇一七・五・一四）

堕落《だらく》した人類は、そのままでは神様のみ前に帰ることができません。勝利した真の父母を通して、生まれ変わらなければならないのです。それが家庭連合でいう、祝福です。祝福家庭がこの国に満ちあふれ、世界に満ちあふれるとき、神様の夢、人類の願い、真の父母の願いである人類一家族の夢が実現するのです。

その日は遠くありません。真の父母によって、摂理《せつり》の中心である韓国《かんこく》と日本を立て、アメリカを長子国《ちょうしこく》＊として祝福しました。この三カ国が一つになり、孝情《ヒョヂョン》＊の心情文化革命を基盤《きばん》として、アジア太平洋文明圏《ぶんめいけん》時代を開くのです。そうして、五大洋六大州に祝福家庭が広がり、青年学生連合＊の若者がともしびとなって、世界の前に光り輝《かがや》くのです。七十四億の人類が、その光に向かって一つに集《つど》う環境《かんきょう》をつくり出さなければなりません。

真《しん》の自由、平等、平和、統一、幸福の世界は、遠くにあるのではありません。ここにきょう集まった皆《みな》さんが、真《まこと》の父母と一つになって、ために生きる真の愛を皆さんの周りで、氏族の間で、教会で、国で実践していけば、一つの世界を必ずつくることができるのです。（真のお母様、アメリカ・ニューヨーク、二〇一七・七・一五）

皆さん、ピュア・ラブ（純潔教育）を通して、また、家庭連合を通して、多くを学んだと思います。天国は、家庭が入る所です。一人でよく信仰《しんこう》しているからといっ

＊長子国：父母の役割を果たす国に対して、長男の役割を果たすべき国。
＊孝情：神様に対する、真の父母様の親孝行の心情。また、それをモデルとして私たちが持つべき、神様、真の父母様に対する孝行の心情のこと。
＊青年学生連合：「世界平和青年学生連合」のこと。二〇一七年二月二十三日、韓国で総会および出征《しゅっせい》式が行われて出発した。

て、入れるわけではありません。夫と妻、家族が一緒《いっしょ》に入る所が天国です。そのような世界になれば、私たちは青少年の脱線《だっせん》に対して心配する必要がありません。環境圏《かんきょうけん》を本心の作用によって自ら分別し、天の前に、孝情《ヒョジョン》の心情文化圏で暮らすようになるからです。そのような世界をつくるために、きょう、ここに集まったアジアの若い青年たちが、世界を前にして高くそびえ立つ先駆者《せんくしゃ》となり、主役となるように願います。

私たちが願う一つの世界は、遠くにあるのではありません。「私」の家庭において、「私」の国において、真《まこと》の父母の「ために生きる真の愛」を実践《じっせん》するとき、まさにそこが、地上天国になるのです。

今、私たちは、真の父母を中心とした一つの家族です！

天の父母様の夢、人類の願いが成就《じょうじゅ》する、神様を中心とした人類一家族となるその日に向かって、皆《みな》さんが力強く、勇ましく進むよう、お祈《いの》りいたします。（真のお母様、タイ・バンコク、二〇一七・六・一三）

ワークシート ⑦

1 み言をもとに、(　)に記入してみよう

Q1 祝福の子女は、堕落《だらく》した世の中とは関係のない(①　　　　)として生まれました。(②　　　　)と一つになり、天の父母様の夢を成してさしあげなければなりません。

Q2 心情文化世界は、(①　　　　)に生きる生活を通してつくられる、神様の愛の文化世界です。神様を中心とした本然の(②　　　　)を受け継《つ》ぐところから、本然の心情文化が始まります。

Q3 (①　　　　)を堂々と証《あか》ししなければなりません。(②　　　　)の心情文化革命を通して、神様と真の父母様のもとの「(③　　　　　　)世界」を実現しましょう。

※ 答えは 150 ページ

2 みんなで話し合ってみよう

・自分の将来の目標をそれぞれ発表してみましょう。

・その目標が、神様、真の父母様の夢とどのようにつながるのか、考えてみましょう。

【ワークシート⑥の答え】

Q1 ①心 ②体 ③真の愛　**Q2** ①男性 ②女性 ③堕落 ④三人　**Q3** ①神様 ②師 ③正午定着

ワークシート⑧

1 一番印象に残ったみ言

(　　　)ページ

2 上記のみ言を読んで感じたこと

【ワークシート⑦の答え】

Q1 ①ピュア・ウォーター ②真の父母様 Q2 ①ため ②血統 Q3 ①真の父母様 ②孝情 ③人類一家族

自分の言葉で書いてみよう

私が純潔を守る理由

普段の生活で守る**自分のルール**を決めよう

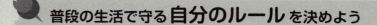

真《まこと》の愛《あい》を育《はぐく》む道《みち》　祝福準備のための「純潔」み言集

2018年７月25日　初版発行

編　集　世界平和統一家庭連合　青年学生局
発　行　株式会社　光言社
〒150-0042　東京都渋谷区宇田川町37-18
電話　03（3467）3105
https://www.kogensha.jp/
印　刷　株式会社　ユニバーサル企画

ISBN978-4-87656-374-6
落丁・乱丁本はお取り替えします。
定価はカバーに表示してあります。